좋은 아빠 혁명

20세기형 아빠로는 21세기를 살아낼 수 없다!

좋은 아빠 혁명

초판 1쇄 인쇄 2022년 4월 15일
초판 1쇄 발행 2022년 4월 22일

지은이 강은정

발행인 백유미 조영석
발행처 (주)라온아시아
주소 서울특별시 서초구 효령로 34길 4, 프린스효령빌딩 5F

등록 2016년 7월 5일 제 2016-000141호
전화 070-7600-8230   **팩스** 070-4754-2473

값 15,000원
ISBN 979-11-92072-43-2 (13590)

※ 라온북은 (주)라온아시아의 퍼스널 브랜드입니다.
※ 이 책은 저작권법에 따라 보호받는 저작물이므로 무단전재 및 복제를 금합니다.
※ 잘못된 책은 구입하신 서점에서 바꾸어 드립니다.

라온북은 독자 여러분의 소중한 원고를 기다리고 있습니다. (raonbook@raonasia.co.kr)

좋은 아빠 혁명

강은정 지음

RAON
BOOK

프롤로그

어렵고 불편해도
계속 실천해야 하는 이유

몇 년 전 웹툰 성공에 힘입어 드라마로 제작되었던 〈미생〉의 한 장면이 지금도 잊혀지지 않는다. 한 남자가 퇴근하면서 노을을 등지고 집 앞에 서 있는 장면이었다. 남자의 표정은 오묘했고, 내레이션으로 묵직한 대사가 깔렸다. "행복하다. 행복하긴 한데 들어가기 싫다. 집이 힘들다…."

마침 같이 보고 있던 남편을 바라보면서 내가 물었다. "행복하면 행복한 거고, 힘들면 힘든 거지, 행복한데 힘들다는 건 뭐야?" 남편이 어이없다는 듯이 나를 바라보며 말했다. "대한민국에서 가장으로 사는 게 얼마나 힘든지 당신은 모를걸?"

그때까지 나는 나처럼 일하는 엄마 또는 아이 키우는 엄마가 세상에서 가장 힘들다는 생각이 지배적이었고 그 외의 사람들은 보이지 않았다. 남편의 말을 듣는 순간 '아! 그럴 수도 있겠다'라는 생각이 들면서 그동안 강의장에서 만난 수많은 대한민국의 남성 학습자들의 얼굴이 떠올랐다.

그들은 나이와 지역 그리고 결혼 연차와 상관없이 모두 비슷한 고민을 가지고 있었다. 대부분 "아빠와 남편의 역할을 잘하고 싶은데 어떻게 해야 할지 잘 모르겠다. 어렵다. 힘들다" 등의 이야기를 했다. 강의가 끝나면 감사의 문자도 받았지만, 지속적인 실천에 어려움이 있어 코칭을 요청하는 문자도 많았다. 특히 최근에는 코로나19로 인해 가족과 함께 있는 시간이 늘어나면서 코칭 요청이 더 많아졌고, 내용도 다양해졌다.

아빠의 역할은 달라져야 한다

포스트 코로나 시대, 4차 산업혁명 시대 등 변화된 새로운 사회에서 우리 아이들을 잘 키우기 위해서는 부모에게도 변화가 필요하고, 특히 아빠의 변화에 초점을 맞춰야 한다. 단순하게 좋은 아빠, 좋은 남편이 되기 위해서 조금씩 노력하는 정도가 아니라 4차 산업혁명과 맞먹는 완전한 변화를 꾀하는 아빠의 혁명이 필요하다.

'아빠 혁명'이라는 말이 거창하게 들릴지 모르지만 이제 더이상 20세기 아빠로는 21세기를 살아가고 있는 아이와 함께하기 어렵다. 누구나 원하는 친구 같은 아빠도 좋지만, 아이가 성장하면서부터는 더 큰 그림을 그릴 수 있는 아빠 역할이 요구된다. 또한 아빠 자신의 노력만이 아니라 인생의 영원한 파트너인 아내와 함께 변화를 만드는 것도 중요하다.

사실 좋은 아빠가 되고자 하는 마음은 아이를 낳는 순간, 아니 그전부터 있었지만, 아이가 커가면서 부딪치는 다양한 상황과 갈등은 그러한 노력을 힘 빠지게 하고, 나중에는 체념하게 만든다. 여러 아빠와 육아·교육과 관련해서 대화를 해보면 "내 마음대로 안 된다", "잘하려고 해도 그때뿐이다", "뭘 해도 소용없다", "너무 어렵다" 등 여러 가지 고충을 쏟아낸다.

이는 다만 아빠의 역할만이 아니라 남편의 역할, 가장의 역할에서도 마찬가지다. 만약 당신이 그 문제의 해결을 위해 교육을 찾아서 듣거나, 전문가를 찾거나 아니면 책이나 인터넷에서 정보를 찾은 경험이 있다면 이것만으로도 정말 훌륭하다. 많은 아빠들이 여러 가지 이유로 자신에게 주어진 대로 안주하며, 갈등이 있을 때만 잠시 고민할 뿐 근본적인 변화를 꾀하는 행동을 하기는 어렵기 때문이다.

물론 더 나은 아빠 역할을 위해 교육을 듣거나 조언을 구한다고 하더라도 그것을 자신의 삶에 지속적으로 적용하는 일은 더더욱 어렵다. 이 책은 변화를 원하는 아빠들에게 지속 가능한 변화를 만드는 힘을 줄 것이다. 아무리 많은 정보와 지식을 안다고 해도 실제 내 삶에 적용하고 행동하지 않으면 소용이 없다.

실제 오랜 시간 강의하면서 발견한 점이 있다. 바로 강의 내용 특성상 학습자들이 자신을 돌아보고 실천 계획을 세우고 심지어 강의 중에 너무 영감받아서 울면서 다짐을 하기도 하지만, 소위 말하는 그 약발이 오래가지는 않는다는 것이다. 강의나 책에서 받은 영감, 그 약발을 오래가게 하기 위해서는 내 삶에 가져와 적용해보면서 지속적으로 실천해야 한다. 이를 위해서는 '지속의 힘'이 요구되는데 이 책의 '21세기 아빠의 역할', '아이 또는 가족들과 함께 변화 만들기'에 대한 내용을 주목해보길 바란다. 아울러 다양한 실제 사례에 대한 코칭이 그 힘을 줄 것이다.

사실 변화의 목마름은 모두가 느끼고 있다

가끔은 워킹맘이든 전업맘이든 엄마들을 대상으로 강의하거나 코칭을 하면, 그렇게 마음이 편할 수가 없다. 이들은 대부분 깨어 있고 무엇이든 받아들일 준비가 되어 있으며, 마음이 열려 있다. 부모 교육 전공자이지만 나 또한 20대 첫째와 10대 둘째를 키우는 워킹맘이다 보니 육아의 실패담과 성공담을 모두 가지고 있다. 그것이 오롯이 녹아 있는 경험을 가지고 앞에 서기에 여성 학습자들과 공감대 형성이 빠르다.

하지만 늘 부딪치는 한계는 있다. 여성 학습자들이 함께 삶을 공유하고 있는 '남편, 아이들의 아빠'에 대한 변화의 목마름이다.

이는 남성이 아빠로서, 남편으로서 올바른 역할을 하기 위한 열정이 부족하거나 마음이 닫혀 있기 때문이라고 생각하지 않는다. 이들은 이러한 것들에 대해 배운 적이 많지 않다. 아빠들의 나이를 어림잡아 30~50대로 생각해본다면 이들의 부모, 특히 이들의 아버지는 지금의 아빠들과는 정말 다른 세대다.

모두 그렇지는 않았겠지만, 20세기의 전형적인 엄부자모(嚴父慈母, 엄한 아버지와 자애로운 어머니) 밑에서 자란 세대가 지금의 아빠들이다. 요즘은 3년이면 세대 차이가 생긴다고 말할 정도로 급변하는 시대인데, 아직은 이들이 현시대에 적응하고 마인드를 따라오기가 쉽지 않다. 상대적으로 여성들은 육아와 교육에 대한 다양한 정보를 얻을 기회, 발 빠른 대처가 요구되는 상황에 자주 노출되기 때문에 그러한 변화의 기회가 많을 수 있다. 실제로 서점에서 아빠와 연관된 책 제목만 봐도 시대를 앞서가는 아빠의 역할에 대한 정보가 부족하다.

어쩌면 어렵게 느껴질 수도, 당황스럽게 느껴질 수도 있다. 변화를 만드는 일은 결코 편안하지 않다. 편할 때 할 수 있는 일을 하는 건 용기가 아니다. 어렵지만 시도하는 것이 용기 있는 행동이다. 내가 그 용기를 보여줘야 우리 아이에게 용기 있는 삶을 살아가는 멋진 유산을 물려줄 것이다.

"말로 하면 따지고 몸으로 하면 따르더라"라는 말이 있는 것처럼, 불편하지만 자꾸자꾸 꺼내서 적용했으면 한다. 내 마음을 편하게 하는 책은 얼마든지 있다. 그 책에서는 마음의 위안을 얻고, 이 책에서는 통찰과 행동의 추진력을 얻었으면 한다.

좋은 아빠가 되고자 하는 21세기의 아빠들을 응원하며

강은정

차 례

프롤로그 어렵고 불편해도 계속 실천해야 하는 이유   4

1장 [진단]

아빠가 변해야 아이가 바뀐다

아이의 성공 비결은 아빠의 무관심?	17
ATM 기기가 될 것인가? 가장이 될 것인가?	24
당신은 어떤 아빠인가? (태아기~아동기)	32
당신은 어떤 아빠인가? (학령기~청소년기)	39
부모 세대를 탓하기보단 새로운 아빠 역할 만들기	48

2장 [변화]
21세기 아빠로 거듭나는 특급 노하우

입은 닫고 귀를 열면 한 걸음 더 다가선다	59
친구 같은 아빠가 되는 것 대신에	66
아이가 닮고 싶은 아빠 되기	75
아빠 자신을 리디자인(re-design)하라	82
MBTI보다 재미있는 부모 양육 태도 진단	90

3장 [파트너십]
자녀 교육에는 부부 파트너십이 필요하다

아내는 아이의 미래를 설계할 최고의 파트너다	101
육아와 교육, 아내와 따로 또 같이	109
아내와의 갈등 해결 키워드는 공감 능력	116
연습이 필요한 공감 능력	123
행복한 자녀를 위한 행복한 부부 되기	131

4장 [연대]

좋은 아빠가 되기 위해

코로나19 팬데믹으로 생긴 칼퇴근 문화 143
내 아이만 잘 키우면 된다고? 150
'저녁이 있는 삶'에 무엇을 할 것인가? 157
워라밸을 위해 서로를 지원하는 환경 만들기 165
일터와 가정에서 MZ세대와 잘 지내는 방법 173

[활용편]

'아빠 역할' 이제 어렵지 않아요

궁금해요, 아이와의 '놀이' 182
Q1 아이가 계속 놀아달라고 해요
Q2 비싼 장난감을 계속 사달라고 떼를 써요
Q3 온종일 휴대폰만 쳐다보고 있고 움직이지를 않아요
Q4 함께 노는 법을 몰라서 형제자매와 계속 싸워요

고민돼요, 아이의 '학습 지도'   193
Q1 아이가 공부하는 방법이 마음에 안 들어요
Q2 공부 못하는 아이 때문에 화가 나요
Q3 아이가 학교를 그만두겠다고 해요
Q4 답지를 베낀 후에 거짓말을 해요

어려워요, 아이의 '친구 관계'   202
Q1 친구 관계 때문에 아이와 아내가 속상해해요
Q2 아이에게 이성 친구가 생겼어요
Q3 잠시 집에 들렀는데 이성 친구와 단둘이 있는 아이를 봤어요
Q4 아이와 어울리는 친구가 마음에 안 들어요

난감해요, 아이의 '생활 습관'   213
Q1 아이가 잘 안 씻으려고 해요
Q2 게임에 빠져서 아무것도 하지 않아요
Q3 아이 방만 보면 화가 나요
Q4 매일 늦게 일어나서 지각해요

알아두면 좋은 궁금증   223
Q1 아이가 엄마만 좋아해요
Q2 아이가 대답을 잘 안 하려고 해요
Q3 아이 가방에서 담배를 발견했어요
Q4 아이들과 할 이야기가 없어요

에필로그   231

1장 [진단]

아빠가 변해야
아이가 바뀐다

아이의 성공 비결은 아빠의 무관심?

"요즘 아빠들은 다 저래?"

큰아이 대학 입시가 끝나고 가장 먼저 미팅을 요청한 사람은 놀랍게도 남편 회사 직장 동료였다. 예비 고1 자녀를 두고 있는 그는 여느 아빠와는 달리 적극적으로 정보를 탐색하였고, 아이에게 많은 관심을 두고 있었으며, 아이의 학습 습관은 물론이고 부족한 부분이 무엇인지도 정확하게 파악하고 있는 듯했다. 함께 나온 엄마 못지않게 질문을 많이 하는 모습에서 새로운 아빠를 본 것 같아 신기할 따름이었다.

그가 한 질문 중에 가장 기억에 남는 질문은 '어떻게 하면 우리 아이가 마음 편하게 공부만 할 수 있는지'였다. 가끔 강의 후에 자녀의 학습과 관련된 질문을 받는다. 그가 한 질문은 그때 부모들이 가장 많이 하는 질문과는 거리가 있었다. 내가 강의 후에 받았던 질문 중 대부분은 '아이의 부족함을 어떻게 해결할지'였다. 그 질문에 담겨 있는 부모의 관점은 '내 아이가 부족하다. 따라서 내 아이는 고쳐야 한다'는 것이다. 하지만 그 아빠의 관점은 달랐다. 부모가 무엇을 지원해야 할지, 즉 부모 자신이 뭘 바꿔야 할지를 묻고 있었다. 흥미로운 미팅이 끝나고 남편에게 물었다. "요즘 아빠들은 다 저래?"

자녀 입시 성공의 세 가지 요건?

오래된 이야기일지 모르지만, 한때 자녀가 입시에 성공하려면 가져야 하는 세 가지 조건이 있다고 한다. 할아버지의 재력, 엄마의 정보력, 아빠의 무관심이다.

엄마와 아빠가 나오는 것까지는 어떻게 봐주겠는데 할아버지가 등장하는 것까지는 봐주기가 참 어렵다. 자녀의 입시에 왜 애꿎은 조부모가 나와야 하는지 좀 씁쓸하다. 또 엄마가 무슨 국정원 직원도 아니고 아이 입시에 관한 정보력을 어떻게 키워야 할지 궁금하다. 엄마의 정보란 학원에서 듣는 정보거나 주변 학부모에게 밥 사줘 가며 듣는 정보일 텐데 이 정보도 과연 '정보력'이라고 할 정도로 믿을 만한지 의문이다. 마지막으로 아빠의 무관심은 더욱 틀린 말이다. 아이의 학습에는 내내 관심이 없다가 결과가 나오면 아내에게 "애를 어떻게 키웠냐? 애한테 쏟아부은 돈이 얼마냐?"라고 아내를 탓하면서 자신을 스스로 가족과 멀어지도록 하는 안타까운 결과를 낳기 때문이다.

자녀 입시에 성공하기 위한 세 가지 조건, 이건 아마도 자녀 입시 결과의 책임을 타인에게 돌리고자 하는 의도에서 나온 것일 테다. 이제 이 세 가지 조건도 부족해서 할머니의 운전 실력, 본인의 체력, 동생의 희생 이 세 가지 조건이 추가되었다고 한다. 이 모든 조건에서 맞는 말은 '본인의 체력' 딱 이거 하나뿐이다.

아빠의 관심은 정말 아이에게 득이 될까?

2018년 하반기부터 2019년 상반기까지 전국을 떠들썩하게 하며 매회 큰 화제를 낳았던 드라마가 있었다. 마지막 회가 23.79%라는 대단한 시청률을 찍으며 막을 내렸던 JTBC 드라마 〈SKY 캐슬〉이 그 주인공인데, 그 드라마를 보면 이에 대한 답이 나온다. 나는 드라마가 방영될 당시 마침 큰아이가 고3이었던 시기라 관심을 가지고 아이와 함께 시청했다. 사람들이 '막장 드라마'라고 칭하며 욕하면서도 계속 본다던데 우리도 딱 그랬다. 물론 드라마라 과장이 있었겠지만, '설마 이런 가정이 많을까?' 하는 의문도 생겼다.

드라마가 현실적이든 아니든 상관없이, 드라마 속에 나오는 아빠는 주인공 아빠를 제외하고 모두 왜곡된 아빠 역할을 자신의 신념인 양 펼쳐가고 있었다. 자녀의 삶에 대한 아버지의 과한 참견 그리고 자녀를 자신의 소유물로 여기는 비정상적인 태도를 그린 상황을 볼 때마다 드라마지만 불편했고 안타까웠다. 드라마 회차가 계속될수록 "저게 말이 돼? 서울대 의대 가려고 저렇게까지 해야 해?" 하는 탄식이 나왔다. 큰아이는 이후 그 드라마 시청을 중도 포기했다.

드라마든 영화든 허구지만 그 시대를 반영한다고 하니 당연히 근거가 있으니까 그런 내용이 그려졌을 것이다. 자녀의 성적을 올리기 위해 폭력을 쓰는 아빠, 형제를 비교하며 자녀의 자존감을 깎아내리고 수치심을 최대로 끌어올리는 아빠, 아내의 말을 따르는 것 같지만 결국 결과에 대해서 책임을 회피하고 아내를 비난하는 아빠, 수단과 방법을 가리지 않는 아빠 등 보여줄 수 있는 최악의 상황은 모두 보여준, 왜곡된 부모 역할의 나열이었다. 결국 그러한 환경에서 성장한 아이가 어떻게 되었을지는 불 보듯 뻔한 일이다. 무관심도 옳지 않지만, 과한 관심도 답은 아니다.

지금 아빠들은 '좌충우돌' 중

사람에 관한 관심, 특히 자녀에 관한 관심은 시기에 따라 다르고, 총체적이어야 하며, 지속되어야 한다. 부모가 원할 때만, 자녀의 어느 한 부분에만 관심을 둔다면 부작용을 낳는다. 그동안 아빠들의 역할이 그랬을 수 있다. 자녀 양육과 교육을 아내에게 일임하고 경제적인 부분만 전담했던 자신의 부모 세대를 보고 자랐기에 아빠가 언제 개입해야 하는지, 아내와 어떻게 함께해야 하는지 몰랐고 어려웠다.

아빠와의 상호작용이 가장 필요할 때는 언제이고, 사춘기 자녀에게 어떤 아빠 역할을 해야 할지, 성인이 된 자녀에게 어떤 비전을 나눠야 할지 아니 어떤 대화를 나눠야 할지도 배운 적이 없었다. 그래서 지금 아빠들이 좌충우돌한다. '나의 아버지처럼 무뚝뚝한 부모는 되지 말아야지' 하고 결심하고, 과도한 사랑을 폭력적으로 쏟아낸다. 나름 노력하는데 왠지 시간이 지나면 지날수록 가족들과 함께 있지만 외로움마저 경험하기도 한다. 간간이 자녀에게 관심을 표현하면 하던 대로 하라고 핀잔이 되어 돌아온다. 그럼 다시 체념한다. 하지만 괜찮다. 좌충우돌하고 있었다면 이제부터 중심을 잡으면 된다.

아이의 성공 비결 세 가지

우리 아이의 성공 비결, 조금 더 구체적으로 우리 아이 입시의 성공 비결 세 가지는, 행복한 부부 관계, 자녀에 대한 무한한 믿음 그리고 아이의 체력이다. 모든 것이 다 준비되고 갖춰졌더라도 아이가 그것을 받아들일 수 없는 건강 상태라면 아무 소용이 없다. 정신적·육체적으로 건강한 아이로 성장할 수 있도록 하는 데 부모는 가장 많은 신경을 써야 한다.

앞서 질문한 아빠에게도 이러한 답을 드렸다. 아이가 마음 편하게 공부만 할 수 있도록 돕는 부모의 역할은 부부가 좋은 관계를 유지하는 것이라고 말이다. 싸우지 말라는 것이 아니다. 싸우더라도 잘 해결하는 모습을 보여주어야 한다. 아빠가 내 아이의 성적을 올리고 싶다면 아내에게 더 많은 공을 들이고 신경을 쓰자. 부모가 좋은 관계를 유지할 때 안정적인 환경에서 공부하고 성장할 수 있다. 지속적인 갈등, 서로를 비난하는 대화, 책임 회피, 침묵 등은 아이의 심리적인 안정을 방해하고 몰입과 집중력을 떨어뜨린다.

그리고 마지막으로 내 아이를 믿자. 아이가 하고 싶은 것, 관심이 있는 것, 소위 요즘 꽂혀 있는 것이 무엇인지 아이에게 들어보고 관심을 두고 찾아보자. 그게 그 아이의 무기가 될 것이고 이제는 그런 무기를 하나씩 장착한 사람들만이 살아남을 세상이다. 모두가 공부하고 모두가 대학 갈 필요는 없는 세상이 도래했다.

라떼는 말이야~

한 조찬 모임에서 만난 CEO의 이야기를 듣다가 깜짝 놀랐다.

그는 지방에서 공부해 SKY 대학에 합격하고 자수성가한 성공 경험이 있는 아빠다. 자신의 아이가 공부하는 법을 몰라서 성적이 안 나오는 것 같다고, 자신의 공부 방법이 적힌 노트를 아이에게 참고하라고 줬다고 한다. 대학 입학한 지 30년도 넘었는데 그 노트를 가지고 있다는 것이 놀라웠고, 가장 놀라운 것은 그걸 너무나도 무용담처럼 이야기하는 그 아빠의 태도였다. 물론 '얼마나 안타까웠으면 그랬을까' 하는 생각도 들었지만, 자녀에게 30년 전 노트를 보여주며 참고해서 공부하라고 하는 말이 그 자녀에게 먹힐까? 그래서 요즘 아이들이 "라떼는 말이야~"라는 말이 나오면 귀를 닫는 것 같다.

아이에게 언제 관심을 가져야 하는지, 그리고 그 관심을 어떻게 표현해야 하는지 이제 좀 배우자. 아내와도 논의하고 내 아이도 관찰하고 또 좋은 정보도 찾아보고 내 삶에 적용하자. 내가 알고 있다는 것만으로는 변화를 만들 수 없다. 적용하고 지속해서 작동할 수 있는 구조를 만들어보자.

ATM 기기가 될 것인가?
가장이 될 것인가?

정말 자녀가 원하는 것이 돈 많은 아빠일까?

"어떤 아빠가 되고 싶으세요?" 강의 때마다 빠지지 않고 꼭 하는 질문이다. 개별적으로 질문하면 대답을 하려고 하지 않아 전체에게 질문하고 짝과 나누라고 한다. 짝과 나눈 이야기를 들어보면 답은 비슷비슷하다. '아이에게 힘이 되어주는 아빠', '아이가 하고 싶은 걸 마음껏 할 수 있도록 지원하는 아빠' 등 무엇이든 해주고 싶은 부모의 사랑이 느껴지는 답변들이다.

답변을 듣고 '힘이 되어준다, 지원한다'를 좀 더 구체적으로 말해달라고 하면 결국은 돈을 많이 버는 아빠로 귀결된다. 경제적인 지원, 이게 아빠들에게 가장 중요한 이유는 자녀가 하고 싶은 걸 하려고 할 때 돈 때문에 하지 못할까 봐 두렵기 때문이다. 아마 대부분 아빠 자신의 경험에서 나온 생각일 것이다. 자신의 경제적 결핍이 자녀에게 대물림되지 않았으면 하는 부모의 바람은 어딜 가나 비슷한 것 같다.

따듯한 마음은 잠시 내려놓고 조금 다르게 생각해본다. 얼마나 언제까지 지원해야 자녀 또는 부모 자신이 만족스러울까? 더 현실적으로 말하면 돈이 얼마 정도 있어야 "이제 됐다"라는 말이 나올까? 아빠들마다 기준이 다르고 생각이 달라서 만족의 정도도 다르겠지만, 결국 우리가 더 들여다볼 것은 "정말 자녀가 아빠에게 원하는 것이 돈 많은 아빠인가?" 하는 것이다.

2021년 내내 무면허 음주운전, 경찰관 폭행 혐의로 뉴스를 뜨겁게 달구었던 유명 정치인의 아들, 반복된 마약 투약 혐의로 창업주 외할아버지가 세운 기업의 재계 순위를 순식간에 하락시킨 외손녀 등의 사례를 보면 부모의 경제적인 지원과 올바른 가치관 정립 사이에는 연관성이 그다지 없어 보인다. 그들은 부모에게 경제적으로 충분한 지원을 받았으면서도 자신의 잘못된 행동으로 인해 자신뿐 아니라 부모, 집안까지 곤경에 빠뜨렸다.

사실 이 같은 사례는 너무 많아서 이제는 놀랍지도 않을 정도다. 정말 '가화만사성'이라는 옛말이 틀린 게 하나도 없다는 생각이 든다. 자녀가 정말 원하는 부모 역할, 아빠 역할은 무엇일까?

자녀가 정말 원하는 아빠의 역할은?

부모 교육 강의를 하다 보면 자녀의 연령에 따른 부모의 역할을 알아보는 시간이 있다. 대부분의 남성 학습자들이 열심히 필기해가면서 듣는 내용이기도 하다. 특히 아빠의 역할이 강조되는 연령대를 다룰 때면 관심을 더 보인다. 아직 자녀가 그 시기에 이르지 않은 아빠들은 미리 정보를 얻는 마음으로 관심을 보인다. 그리고 자녀가 이미 그 연령이 지난 아빠들은 자신이 자녀에게 어떤 역할을 했는지를 돌아보는 시간이 된다.

모두 다섯 단계로 나뉘어 있는데 한 단계씩 나아가다가 마지막 단계인 청소년기에 들어서면 꼭 잊지 않고 질문을 한다. "이때는 어떤 아빠 역할이 가장 중요할까요?" 이 대목에서 열에 아홉은 이런 답을 한다. "돈 많이 버는 아빠요." 맞다. 아이들마다 조금씩 차이는 있겠지만 대체로 이 시기가 아이들에게 가장 많은 돈이 들어가는 시기다. 학원비도 학령기(초등학교 시기)보다 단가도 비싸지고 아이들의 요구사항도 많아질 수 있어서 자녀 양육과 교육에 필요한 비용이 증가한다.

하지만 정답은 아니다. 질문을 다시 보면 '가장'이라는 말이 있다. 이 시기에 가장 필요한 아빠, 엄마의 역할은 상담가의 역할이다. 사춘기에 접어든 아이들은 뇌에서 감정 조절 물질인 세로토닌이 성인보다 적게 나온다. 아이가 좀 전에는 아무렇지 않았다가 갑자기 짜증을 내거나 화를 낸다면 다 그 때문이다. 아이 자신도 본인이 왜 그런지 모른다. 그냥 사춘기 때는 그렇다. 어른들이 다 속물 같고 이중인격자 같고 사회도 다 이상하고 뭐든 삐딱하게 보인다.

그 아이들의 부모인 우리도 그때는 다 그랬다. 다만 기억이 나지 않거나 억누르며 보내서 사춘기라는 걸 모르고 지냈다고 착각할 수는 있다. 따라서 그때 부모는 공감이 가장 필요하다. 상담의 기본은 공감이기 때문이다. 만약 이 시기의 아빠가 아이와 공감을 잘하고 있다면 정말 멋진 부모 역할을 하고 있는 것이다.

당신의 꿈과 5억 원 중에 선택한다면?

공감하는 아빠, 아이와 잘 놀아주는 아빠, 우리가 늘 원하는 친구 같은 아빠면 이제 모든 것이 끝난 것일까? 아빠의 입장에서 아이들에게 어떤 모습을 보여주고 싶고, 어떤 것을 남기고 싶은가? 아빠 교육을 할 때 함께 보는 영상이 있다. 〈남은 시간 1년… 꿈과 5억 원 중 당신의 선택은?〉이라는 유튜브 영상이다. 영상의 내용은 이렇다. 자녀들이 자신의 아빠의 인터뷰를 보고 있다. 아빠들에게 질문한다. "앞으로 살아갈 날이 1년밖에 안 남았다면, 당신의 '꿈'을 이루는 것과 '5억 원' 중 무엇을 선택하겠나요?" 아마 답을 추측하기는 쉬울 것이다. 인터뷰를 하는 모든 아빠는 주저 없이 "당연히 5억 원을 선택한다. 내가 꿈을 이루는 것도 중요하지만 당장 남아 있는 가족에게 5억 원은 필요한 돈일 것이다. 그것을 위해서는 내가 하고 싶은 것을 당연히 포기할 수 있다. 나뿐만 아니라 모든 부모는 같은 생각을 하고 있을 것이다"라고 명확하게 말한다.

그러나 영상 앞부분에서 같은 질문을 받은 아이들의 인터뷰는 대조적이다. 아이들은 밝은 얼굴로 너무나 당연하게 '꿈'을 선택한다. 대화를 잠시 멈추고 아이들에게 자신의 아버지가 같은 질문을 받고 답하는 영상을 보여준다. 인터뷰를 보고 있는 자녀들은 모두 눈물을 보인다. 아마 부모님의 사랑을 경험했을 것이다. 질문 자체가 만약이라는 전제를 가졌음에도 영상 속 자녀들과 영상을 보는 사람들 모두 울컥하는 원인은 뭘까? 아마도 화면 속 아빠들이 '5억 원'을 선택했다는 결과보다는 그들의 망설임 없는 모습, 주저함이 없는 모습에 감동받고 눈물을 보인 것이 아닐까?

대부분의 아빠는 그렇다. 가장(家長)이기에 자신의 꿈보다 가족을 '가장' 먼저 '가장' 많이 생각한다. 자신의 상황이 어떠하든 자녀에게 최대한 많은 것을 남기고 싶어 한다. 하지만 정말 무엇을 남길 것인가는 지금부터 차근차근 하나씩 따져봐야 한다.

가장이 ATM 기기로 전락하는 경우

통계적으로 보면 자녀가 대학까지 갈 수 있도록 지원하는 데 필요한 비용이 1인당 4억 원 정도라고 한다(NH투자증권 100세시대 연구소, 2017). 여기에는 유학이나 결혼 비용이 포함되지 않았다고 하니 만약 자녀가 결혼을 할 때까지 지원한다고 하면 그 비용은 더 커질 것이다. 이제 마음이 막 급해진다. '이렇게 돈이 많이 드는데 내가 준비한 건 뭔가? 앞으로 어떻게 해야 할까? 이 정도 경제적인 지원을 하지 않으면 부모로서 책임을 다하지 않은 건가?' 등 자신과 비슷한 수준의 사람들과 비교하며 뒤처지지 않으려고 한다.

경제적인 지원에만 몰입하게 되면 아무래도 본전 생각이 나게 되어 있다. 투자 대비 결과가 만족스럽지 않을 때는 더욱 그렇다. "내가 너한테 들인 돈이 얼만데?", "내 월급의 1/3을 네가 다 쓰고 있어" 등 여느 드라마에서 종종 들을 수 있는 말들이다. 심지어 강의장 학습자들 중에도 있다. 아이에게 직접적으로 말을 하지 않았지만 그런 생각을 가지고 있기 때문에 아이가 하는 행동 하나하나가 성에 안 차고 마음에 들지 않는다. 부모의 그런 생각은 말로 하지 않아도 아이는 귀신같이 안다. 이러한 경험이 쌓이고 이러한 시간이 지속되면 아빠는 스스로를 ATM 기기로 전락시키게 된다.

부모가 자녀를 투자하는 상품으로 여긴다면, 자녀는 부모를 한도가 없는 ATM 기기 정도로 생각하는 것이 당연하다. 자녀에게 경제적인 지원을 하지 말라거나 그게 필요 없다는 말은 아니다. 부모가 해줄 수 있는 한 지원하는 것도 가능하다. 하지만 그게 전부이거나 그것만 다하면 부모의 역할을 다한 것은 아니다.

"아빠 카드 있잖아"

둘째 아이가 다섯 살 정도 되었을 때 마트에서 자신이 원하는 카드(그때 한참 터닝메카드의 카드가 유행이었다)를 사달라고 조르기에 남편이 지갑을 보여주면서 "아빤 돈이 없어"라고 했다. 아이는 정말 해맑은 얼굴로 날 보며 "아빠 카드 있잖아"라고 해서 깜짝 놀란 적이 있다. 아이와 쇼핑을 갈 때 아무런 거리낌 없이 카드를 쓰는 모습을 아이가 계속 주시하고 있었단 걸 깨달았다. 그 아이에게 빈 지갑을 보여준들 돈이 없다는 아빠의 말이 거짓말처럼 느껴졌을 것이다.

그 이후로 아이가 어려도 그 나이에 맞게 경제교육을 하기 시작했다. 거창하게 말해 경제교육이지 사실 소비할 때 계획을 세우고 소비하는 모습을 차츰 보여주기 시작했다. 마트에 갈 때도 필요한 물품 리스트를 적어서 가고 그 물건만 찾아보니 쇼핑하는 시간도 줄고 충동적으로 구매하는 일이 줄어들었다. 결국 아이가 마트에서 원하는 물건을 사달라고 조르는 일도 줄어들었다. 리스트에 없는 물건을 사달라고 조르는 아이와 대화하기 편했다. "오늘은 이거 사러 온 거지?"

가장(家長)의 사전적 의미는 '한 가정을 이끌어 나가는 사람'이다. 아마도 기존 가부장적인 제도에서는 남편을 일컫는 말일 것이다. 이제 시대가 변했으니 가장의 의미도 변해야 한다. 한 가정을 이끌어 나가는 사람은 남편과 아내, 즉 부부인 셈이다. 가정의 중심은 부부이고 한 집안의 공동 대표인 부부가 함께 자녀에게, 아니 다음 세대에게 무엇을 물려줄 것인가를 지금부터 고민해야 한다. 자녀에게 돈을 물려주는 것은 어찌 보면 가장 쉽게 할 수 있는 것이지만 가장 많은 부작용을 낳을 수 있는 일이다. 당신은 자녀에게 무엇을 물려주고 싶은가?

당신은 어떤 아빠인가?
(태아기~아동기)

자녀 연령에 따라 아빠의 역할은 다르다

주요 부모의 역할은 자녀 발달 단계에 따라, 연령에 따라 다르며, 학자들도 자녀의 발달 단계를 다 다르게 나누고 있다. 나는 보편적으로 자녀 발달 단계를 태아기, 유아기, 아동기, 학령기, 청소년기의 다섯 단계로 나누고 그에 따른 부모 역할을 강의한다. 여기서 몇 단계냐가 중요한 것이 아니라 부모가 된 후에 자녀가 성장하면서 부모의 역할에 변화가 있다는 것이 핵심이다.

또한 지금까지는 이른바 '부모'의 역할이라고 부르면서 정작 엄마의 역할만 중요시했던 것이 사실이다. 특히 태아기, 유아기, 아동기에는 '엄마'의 역할에 대한 이론과 실재가 지배적이다. 이는 자녀의 양육과 훈육 그리고 교육에 있어서 주 역할을 '엄마'

가, 부수적인 역할을 '아빠'가 차지하고 있다고 여긴 과거의 문화 또는 전통의 영향일 것이다. 그러나 이제 사회는, 환경은 변화하고 있다. 맞벌이 가정이 자연스러운 것처럼 자녀의 양육과 교육도 주와 부가 사라지고 함께하는 '맞돌봄'의 문화가 자리 잡게 될 것이다. 따라서 자녀 발달 단계에 따른 부모 역할, 더욱이 아빠의 역할은 그 중요성이 더 커지고 있다.

다음 표는 자녀의 연령에 따른 아빠의 역할을 다섯 단계로 나누고 단계별로 가장 중요한 아빠의 과업을 정리한 것이다. 많은 아빠들이 각자 자녀의 연령에 맞는 역할을 하는 데 도움이 되었으면 하는 바람이다. 다섯 단계로 나눈다고 해서 청소년기 이후 부모의 역할이 끝나는 것은 아니다. 성인기 부모의 역할은 좀 더 다각적인 관점이 필요하다. 시기마다 주어진 아빠 과업의 결과가 만족스럽지 않을 수도 있다. 하지만 과거의 내가 어떻게 했느냐도 중요하지만 앞으로 우리 아이의 발달 단계에 어떤 것을 중

자녀의 연령에 따른 아빠의 역할 다섯 단계

단계	연령(만 나이)	아빠 주요 과업
태아기	임신~출생까지	애착
유아기	출생~3세까지	체력
아동기	3~7세까지	놀이
학령기	7~12세까지	격려
청소년기	12~20세까지	공감

점적으로 수행할 것인가에 집중하는 것을 추천하고 싶다.

아빠와의 애착은 필요할까?

나이 탓도 하지 말고 재력도 답이 아니라면 체력만 키우면 아빠 역할을 다한 것일까? 엄마든 아빠든 부모는 아이가 성장하면서 같이 성장하게 된다. 앞에서도 언급한 것처럼 아이의 연령에 따라 부모의 주요 과업은 달라지고 그 과업을 중심으로 부모 역할을 생각한다면 효과적이다. 그렇다면 취학 전까지 부모 역할, 아빠 역할에서의 핵심은 무엇일까?

취학 전 아이의 발달 단계를 좀 더 나눈다면 태아기(임신에서 출생까지), 유아기(만 3세까지)와 아동기(만 7세까지)로 나눌 수 있다. 태아기 때 아빠의 주요 역할은 오감 자극이다. 우리가 알고 있는 태교를 아빠가 주도적으로 하는 것이다. 태교의 중요성은 너무나 알려진 사실이다. 예를 들어 아빠의 낮은 보이스(청각 자극)로 뱃속 아이와 대화하기, 아내의 배 '쓰담쓰담하기(촉각 자극)'로 태아와 연결되기, 아빠의 냄새 맡게 하기(후각 자극) 등 태아기 아이와 교감할 수 있는 방법은 많다.

이 같은 방법은 태내에서부터 아빠를 인식하고 태어났을 때 아빠를 낯설지 않게 받아들일 수 있는 토대가 된다. 이 시기 아빠의 역할 중 가장 중요한 역할은 애착이라고 할 수 있다. 아이

수준에 맞는 대화와 다양한 신체적 접촉이 아이로 하여금 안정감과 친밀감을 경험하게 한다.

영국의 심리학자이자 정신과의사인 존 보울비(John Bowlby)에 의하면, 애착은 부모 각각에 대해 아동이 가지는 강하고 지속적인 유대다. 특히 생후 1년 동안 유아와 양육자 사이의 초기 관계의 질이 애착을 형성하는 데 가장 중요하다고 한다. 애착 형성은 양육자와의 일관된 관계가 중요하고 이 관계는 아이가 나중에 커서 사회생활을 하는 데 중요한 영향을 미친다. 이는 부모 모두와의 애착이 잘 형성된 아이는 타인에 대한 신뢰가 있기 때문에 사회성 발달에도 영향을 줄 수 있다는 것을 의미한다. 추후 자녀의 사회생활이 부모와의 애착과 밀접한 관계가 있다는 것은 이 시기 아빠와의 애착 정도가 얼마나 중요한지를 보여준다. 또 흥미로운 사실은 애착이 청소년기 성행동 빈도와 연관이 있다는 것이다.

아이에게 필요한 건 아빠의 재력이 아니라 체력

"아빠는 낙엽 같아!" 주말 소파에 누워 있는 남편을 보고 아이가 한마디한다. 찰나였지만 수많은 생각이 스쳐 지나갔다. '낙엽은 무슨 의미일까? 이제 힘이 없어서 나무에서 떨어지는 낙엽 같다는 말인가? 그래서 더 이상 아빠 역할을 못한다는 말인가? 영향력이 없다는 말인가?' 하며 여러 가지 생각을 떠올리고 있는 순간 남편이 아이에게 물었다.

"그게 무슨 말이야?" 그런데 내 생각과는 달리 아이의 대답이 의외였다. "그냥 소파에서 잘 안 떨어지잖아." '천잰데?' 다섯 살 아이의 언어 능력을 감탄함과 동시에 남편의 흰머리도 눈에 들어왔다. 소위 말하는 늦둥이라서 아이하고 놀아주기 힘들다고 변명 아닌 변명을 하는 남편을 향해 조용히 말했다. "요즘은 그 나이에 첫째 낳는 게 다반사야."

부모의 나이를 무시할 수는 없지만, 아이와 몸으로 놀아주지 못하는 핑계가 되어버리는 것 같다. 예전과는 달리 40대에도 첫 애를 낳고 키운다. 부모 나이가 점점 많아지고 있는 것은 사실이다. 물론 지금의 나이가 20~30대의 체력보다는 좋지 않겠지만 나이 탓, 체력 탓을 하기에는 우리 아이와 함께하는 의미 있는 시간이 빠르게 지나가고 있다. 남자아이라고 꼭 운동장에서 캐치볼을 해야 하는 것도 아니고, 아이들이 원하는 모든 놀이를 다 해야 하는 것도 아니다.

혹시 아이들과 함께하는 시간이 괴롭고 힘들다면 체력을 탓할 것이 아니라 소통의 부재를 돌아봐야 한다. 아이들은 생각보다 요청하면 잘 알아듣고 지키려고 한다. 다만 요청할 때 아이를 온전한 한 인격체로 보고 대화해야 한다. 아이니까 어리니까 대충, 또는 지키지 못할 약속 등을 나열한다면 아이들은 다음 요청에서는 부모를 신뢰할 수 없기 때문에 그때부터 소위 말하는 '떼'를 쓰게 된다.

친구 같은 아빠는 이제 그만!

취학 전 부모 역할 마지막 단계인 아동기(만 7세까지)에서 가장 중요한 아빠 역할은 '놀이'다. 아이가 어릴 때 가능한 한 많이 놀아줘야 한다는 강박관념이 있는 아빠들이 많이 있다. 놀아주기는 해야겠는데 몸은 안 따르고, 또 어떻게 놀아줘야 할지, 언제까지 놀아줘야 할지를 모르겠다고 하소연하는 아빠들을 만난 적이 있다.

우선 이런 고민을 했다는 것 자체로 멋진 아빠라고 인정하고 싶다. 사실 아이가 태어나기 전에는 많이 놀아주고 아이와 함께 하는 시간도 많이 갖겠다고 생각했던 아빠들도 막상 현실이 되면 원하던 대로, 생각했던 대로 행동하기란 쉽지 않다. 말이 좋아서 '놀이'지 아빠에게는 또 하나의 일이고 노동이 될 수 있다. 처음 놀이를 시작할 때의 마음은 놀이가 계속되면서 불거지는 다양한 상황으로 인해 지치고 힘들어지기 때문이다.

예컨대 블록 놀이를 잘하지 못하는 아이를 보면 아빠는 대신 해주고 싶은 충동이 든다. 여러 번 알려줘도 똑같은 실수를 하는 아이를 보면 목소리 톤이 달라진다. 조금 아이가 컸다면 아이와 몸으로 놀아주다가 자칫 안전사고가 나거나 다른 문제가 생긴다. 규칙이 있는 게임을 하게 되면 일부러 아이에게 져주거나 또는 지나친 경쟁의식으로 결국 아이와 아빠 모두 처음과는 달리 마음이 상한 채로 놀이를 마치기 일쑤다. 그러다 다음 놀이의 기회를 가능한 한 만들지 않으려고 한다. 아이와 놀 때 아이는 물론 함께하는 아빠도 즐거워야 한다.

그렇다고 아빠가 아이의 친구가 되어 함께 노는 건 그다지 효과적이지 않다. 아이의 입장에서 아빠는 어른이지 친구가 아니다. 오히려 아빠들이 이상적으로 생각하는 '친구 같은 아빠'의 로망에서 빠져나오면 아이와 함께 즐거운 놀이도 가능하고 아빠의 마음도 진정하고 솔직하게 말할 수 있으며 필요하면 놀이 중단, 교체, 규칙 알려주기 등을 할 수 있다. 또 아이가 아무리 어려도 시작할 때 원칙이나 규칙을 정하고(예를 들면 게임 몇 번, 몇 시간, 몇 회 등) 그 규칙을 최대한 지키려고 노력해야 한다. 또 만약 처음 시작한 규칙을 잘 지켰다면 그에 따른 보상(칭찬, 격려, 인정 등)도 충분하게 한다. 어른만이 보상을 할 수 있다. 친구 같은 아빠보다는 다정한 아빠, 따뜻한 아빠, 웃긴 아빠 등을 설정하고 아이와 함께 놀이를 하는 것은 어떨까?

당신은 어떤 아빠인가?
(학령기~청소년기)

"아빠가 나한테 해준 게 뭐가 있어?"

평소 항상 밝은 모습인 동료가 어두운 낯빛으로 조언을 구했다. 그 일이 있은 지 며칠이 지났지만 아직도 아이의 말이 귀에서 웅웅거린다고 했다. 적잖이 충격을 받은 것 같았다.

지난 주말 동료는 평소와는 다르게 아내에게 짜증을 내고 버릇없이 구는 아이를 계속 참고 보고 있다가 더 이상은 안 되겠다 싶어 작정하고 아이에게 화를 냈다고 한다. 아이는 아빠의 말을 듣고 있는지 아예 관심이 없는지 아빠가 화를 내고 있는데도 계속 핸드폰에서 눈을 떼지 않았다. 마지막으로 경고한다고, 아빠 말이 말 같지 않느냐고 호통을 쳐도 아이의 태도는 달라지지 않아서 아이가 가지고 있는 핸드폰을 냅다 뺏어서 아이 앞에서 던

져버렸다. 그랬더니 아이가 그제야 자신을 쳐다보고 소리를 지르며 말했다고 한다. "아빠가 나에 대해서 뭘 알기나 해? 아빠가 나한테 해준 게 뭐가 있어?"

폭탄처럼 말을 던지고서 아이는 떨어진 핸드폰을 보물단지처럼 줍더니 자기 방으로 들어가서 문을 걸어 잠갔다고 했다. 동료는 아이 방으로 쫓아 들어가려다가 아내가 말려서 겨우 화를 진정했고 지금까지 5일 동안 아이와 다시 대화를 하지 못했다고 했다. 이게 사건의 전말이다.

동료의 중학교 1학년 딸아이는 초등학교 때까지는 무뚝뚝한 다섯 살 차이 오빠와는 다르게 살갑고 애교도 많았다고 했다. '이래서 딸 키우는 재미가 있구나'라고 생각했는데 중학교를 들어가면서부터 아이가 부쩍 말이 없어지고 엄마를 막 대하는 것 같아서 걱정이라고 했다. 학교에서 무슨 문제가 있는 건지 친구의 영향인지 궁금하다고, 풍족하지는 못했어도 안 해준 건 없었던 것 같기에 뭔가 억울하기도 하다고 말했다. 결정적으로 만약 내가 우리 아버지에게 그랬다면 핸드폰이 아니라 주먹이 한 대 날아왔을 거라고 동료는 격앙된 목소리로 이야기했다.

"아이가 몇 반 몇 번이에요?"

동료가 조언을 요청했기에 가장 필요한 조언을 주었지만 결과는 알 수 없었다. 누구의 조언이든 그걸 받아들이고 행동하는 것은 각자의 선택이기 때문이다. 전문적인 조언도 그것을 한번 시도해봐야 효과가 있다.

나는 동료에게 조언하기 전에 가장 중요하고도 궁금한 질문을 했다. "아이가 1학년 몇 반 몇 번이에요?" 꼭 답을 맞혀야 하는 건 아니지만 이 질문에 대한 자신의 답을 생각해봤으면 한다. 대부분 엄마들은 아이가 몇 번인지는 모르더라도 몇 반인지는 안다. 과거는 모를 수 있지만, 현재 우리 아이의 반 정도는 대부분 엄마들이 알고 있다. 아빠들은 어떠한가? 아이의 반과 번호를 모른다고 잘못된 아빠이거나, 안다고 훌륭한 아빠라는 말은 아니다. 하지만 생각해보자. 맞벌이 가정의 경우 학교에 부모 상담이 있다면 누가 가는 것이 자연스러운가? 학교 앞 횡단보도에서 아이들의 안전을 지켜주는 녹색어머니회는 왜 녹색부모회가 아닌가(물론 몇몇 소수의 학교는 명칭을 변경한 것으로 안다)?

아이의 교육과 육아에 있어서는 부차적인 역할만을 자처하면서 결정적인 순간에 아이의 훈육과 체벌에만 아빠가 나선다면 아이에게 이런 말을 들을 확률이 크다. "아빠가 뭘 알아?"

학령기 자녀의 주요 키워드는 '격려'

앞서 언급했듯이 아이의 발달 단계별로 부모의 주요 역할은 다른데 학령기(만 12세까지)에 가장 중요한 아빠 역할의 키워드는 격려다. 많은 부모들이 자녀가 어릴 때 칭찬하는 것의 중요성은 알고 있다. 하지만 칭찬은 부작용을 낳는다. 올바른 칭찬이 아닌 칭찬을 계속할 때 자녀는 칭찬받지 못할 것은 아예 시도하지 않거나 칭찬을 기대했는데 그렇지 않았을 때 큰 실망감을 가질 수 있다.

결론적으로 학령기 자녀에게는 칭찬보다는 격려가 필요하다. 칭찬이 결과에 대한 보상이라면 격려는 과정에 대한 보상이다. 사춘기 이전의 아이들에게는 자신의 과정을 칭찬하는 격려가 훨씬 효과적이다. 태권도 품띠를 따지 못했을 때, 학교 장기자랑에서 상을 타지 못했을 때 등 자녀의 행동에 대한 보상은 성공했을 때만이 아니라 실패(또는 실망)했을 때도 이루어져야 한다. 격려가 그 보상이 될 수 있다.

초등학교 자녀에게 작더라도 성공 경험은 중요하다. 이 성공 경험은 자신감의 근원이 될 수 있고 또 다른 행동의 동기부여가 될 수 있다. 하지만 언제나 누구나 늘 결과가 만족스러울 수는 없다. 이때 부모의 개입이 들어가야 한다. 지금 당장은 실패하거나 실망스러운 결과일지라도 그 과정을 구체적으로 칭찬하고 격려함으로써 아이는 다시 도전하고 일어날 수 있는 힘을 가지게 된다. 특히 아빠의 격려는 자녀에게 더 큰 보상이다. 아무래도 초등학교 자녀는 엄마와 더 많은 친밀감을 갖게 마련이다. 엄마보다는 친밀감이 덜한 아빠가 자녀를 격려하고 자신감을 북돋아주면 자녀의 자존감은 높아질 것이다. 또 자녀를 격려하기 위해서는 자녀에 대한 관심이 필요하다. "잘했어, 수고했어, 최고야" 등의 말은 한두 번은 칭찬이나 격려일 수 있지만 그다음부터는 의례적인 말일 수 있다. 관심을 갖는 것의 첫 번째 팁은 앞서 말한 것처럼 아빠가 부차적인 양육자로 존재하는 상황을 포기하는 것이다.

아빠와의 관계를 나타내는 답은 없었다

EBS 〈다큐프라임-마더 쇼크〉(2011)에 이어 제작된 〈다큐프라임-파더 쇼크〉(2013)에는 아주 흥미로운 장면이 있다. 프로그램에 참여한 중고등학교 학생들에게 '우리 아빠는 OOO이다'라는 종이를 주고 각자의 생각을 적게 했는데, '야행성, 잘난 척 왕, 잔소리꾼, 일하는 일벌레' 등이 나온 것이다.

흥미로운 것은 또 있었다. 같은 대상은 아니지만 또 다른 실험에서 아이들에게 '우리 엄마는 OOO이다'를 물었는데, 여기에 적혀 있는 대답은 좀 달랐다. '성공의 손길, 나의 매니저, 조련자, 도우미, 학습 매니저' 등이 적혀 있던 것이다. 아빠와는 달리 엄마를 규정하는 대답은 엄마와 자신의 관계성을 나타내는 답이라는 것을 알 수 있다.

신기하게도 아빠를 규정하는 답에는 그저 '아빠'라는 사람에 대한 규정이었다. 자신과 아빠의 관계를 나타내는 답은 별로 없었다. 차라리 '우리 아빠는 ATM 기기이다'라는 답이 오히려 더 나을 수도 있겠다. 부정적인 대답이긴 하지만 자신과의 관계를 나타내는 답이기 때문이다. 긍정적이든 부정적이든 이 짧은 대답으로 아빠와 자녀의 관계를 모두 나타낼 수는 없다. 하지만 자녀가 생각하는 아빠에 대한 답들은 한번 곱씹어볼 만하다.

코로나를 겪으면서 한국 사회에도 많은 변화가 있었지만 가장 큰 변화는 노동 시간의 단축, 유연한 노동의 형태일 것이다. 물론 코로나가 끝나도 이전의 상황으로 똑같이 돌아갈 수는 없을 것이다. 예전처럼 야근을 밥 먹듯이 하고, 아이들이 말한 일벌레처럼 일만 하는 상황으로 전부 돌아가지는 않을 수 있다. 포스트 코로나 시대에는 아마도 가족들과 함께하는 시간이 원하든 원하지 않든 길어질 것이고, 일 이외의 여가나 취미 등 개인적인 삶의 중요성이 더 부각될 것이다.

돌이켜보면, 주5일제가 정착될 때까지 많은 논의가 있었던 것을 기억할 것이다. 누구는 시기상조라고 했고, 누구는 지금이 적기라고 했다. 이제는 주5일제뿐만 아니라 주 52시간 근무가 당연하게 여겨지고 있고 심지어 주4일제 근무를 논하고 있다. 결국 앞으로는 가족과 함께하는 시간이 더 길어질 것이고 때문에 가정에서의 부모와 자녀 관계, 특히 아빠와 자녀의 관계가 더 중요해졌다.

아빠만 나타나면 흩어지는 바퀴벌레 가족

우리가 그렇게 원했던 '저녁이 있는 삶'이 다가왔는데 사실 코로나19로 인해 갑작스럽게 길어진 '가족과의 시간'을 어떻게 효과적이고 행복하게 보낼 것인가는 모두 생각해봐야 할 문제다. 특히 자녀가 온라인 수업을 하고 아빠가 재택근무를 하게 되어 원하든 원하지 않든 가족이 모두 같은 공간에 함께하게 되면서, 거기서 오는 갈등도 만만치 않다.

그동안 사춘기 자녀에게 아빠는, 나에게 관심이 없고, 아니 그 관심을 바라지 않고 그저 가족을 위해 열심히 일하는 사람으로 생각되었을 수 있다. 이제 아빠와 함께하는 시간이 많아지면서 자녀에게 그동안 갖지 않았던 관심을 자녀가 원하지 않은 방법으로 표현하게 된다면, 자녀의 입장에서 보면 아빠는 그냥 불편하고 이상한 존재로 여겨질 수 있다. 조금 과장일 수 있겠지만 '바퀴벌레 가족'이라는 말이 그래서 나온 것은 아닌지 모르겠다.

바퀴벌레는 어두운 곳에서 활동하다가 불이 딱 켜지면 쫙 흩어진다. 거실에 가족들이 나와서 함께 있다가 아빠가 들어오는 도어록 버튼 소리가 들리면 각자의 방으로 흩어지는 모양을 보고 '바퀴벌레 가족'이라는 말이 나왔다. 최소한 인사는 하겠지만 약간의 시간이 지나면 자녀들이 각자의 방으로 조용히 사라지는 경험이 있다면, '바퀴벌레 가족'을 한번 생각해보는 것이 좋다.

아이들이 특히 아빠가 나타나면 각자의 방으로 사라지는 이유는 뭘까? 여러 가지 이유가 있겠지만 이것 하나만 짚고 넘어 간다면, 아빠의 입장에서 '본가'에 갔을 때 자신의 부모님과 함께 있는 모습을 떠올려보는 것을 추천한다. 혹시 부모님께 몇 마디 안부를 묻고 소파에서 핸드폰이나 TV를 말없이 보거나 아무도 없는 방에 들어가 피곤하다는 핑계로 잠을 청하고 있지는 않았 는지 말이다.

청소년기 자녀의 주요 키워드는 '공감'

강사라는 직업상 많은 학습자를 만나고 개인적인 코칭도 하면서 재미있는 사실을 하나 발견했다. 청소년기 자녀를 둔 부모들의 고민을 듣다 보면 정말 신기하게도 비슷한 결론을 스스로 내린다. 아내는 '애아빠가 문제'라고 하고, 남편은 '애엄마가 문제'라고 한다. 물론 자녀가 문제라고 하는 부모님들도 있지만 소수다. 대부분 배우자가 청소년기 아이를 키우면서 엄마 역할, 아빠 역할을 제대로 못하기 때문에 문제가 더 심각해졌다고 말한다. 더 재미있는 건 자신도 문제가 있다는 것을 인정하더라도 배우자가 자신을 그렇게 만들었다는 결론에 도달한다는 것이다. 모든 문제를 상대의 문제라고 여기면 해결책은 없다. 상대를 바꾸든가 아니면 계속 그렇게 참든가 우리가 선택할 수 있는 건 둘 중 하나다.

오랜만에 집에 있는 아빠가 온라인 수업을 하는 아이를 깨우러 방문을 열었지만 잠겨 있었다. 아무리 두드려도 반응이 없자 문을 따고 들어갔다. 아이는 헤드폰을 쓰고 수업을 듣고 있었고 화가 난 아빠는 머쓱해하며 아내에게 도리어 화를 냈다. "애한테 신경 좀 쓰라고." 이 광경을 본 아내는 한마디했다. "그냥 미안하면 미안하다고 해"라고 말이다. 그 이후 부부간 냉전의 시간은 길게 이어졌다.

그럴 수 있다. 아빠도 엄마도 실수할 수 있고 가끔은 나도 아이에게 바보 같은 행동을 하기도 한다. 중요한 건 그다음이다. 아빠가 자녀에게 해야 하는 건 뭘까? 아내와는 어떤 대화를 해야 할까? 또 아내는 남편에게 무엇을 요청하면 될까? 청소년기 아이에게 관심을 가질 땐 그 아이의 행동보다는 생각에 관심을 두는 것이 효과적이다. 아이의 행동에 집중하고 대화하면 아빠는 잔소리꾼, 잘난 척 왕이 될 확률이 높다.

지금 우리 아이가 무엇에 관심이 있는지, 어떤 것에 어려움이 있는지에 관심을 두자. 여기서 정말 중요한 것은 공식적이고 심각하게 하지 않는 것이다. 일정한 시간을 두고 격식을 갖춰서 아이와 마주 보고 "요즘 어떠니?"라고 묻는 건 정말 최악이다. 아이들이 가장 싫어하는 것이다. 아내가 갑자기 "자기야, 오늘 얘기 좀 해"라고 문자 보내는 것과 같다. 평상시에 가볍게 그리고 유쾌하게 관심을 표현하고 공감의 필살기를 쓰자.

부모 세대를 탓하기보단
새로운 아빠 역할 만들기

부모, 꼰대 되기 쉽다

"아빠, 밖에서는 절대로 그런 말 하지 마." 큰아이가 심각한 얼굴로 말했다. 사실 들어보면 아빠의 말이 정말 이상한 말은 아니었다. 40~50대 아빠라면, 아니 부모라면 공감할 수 있는 생각이다. 아마 입 밖으로 꺼내지는 않았지만 전혀 틀린 말은 아니라고 생각할 것이다. 큰아이의 얼굴을 심각하게 만든 말은 간단했다. "학생이 공부 말고 할 게 뭐가 있니?" 요즘 그런 말 다른 사람에게 하면 소위 말하는 '꼰대' 소리 듣는다며 큰아이는 애정 어린 마음으로 아빠에게 조언했다. "아, 그럼 밖에서는 안 하지"라며 웃어넘기는 남편을 보면서 '사실 20대 딸과 50대 아빠가 이런 대화를 할 수 있다는 것조차 감사하다'는 마음이 들었다.

"요즘 20대가 가장 듣기 싫어하는 말이 뭔 줄 알아?" 작정한 듯 아빠에게 말을 했다. "MZ세대가 어쩌고저쩌고하는 거야." MZ세대(1980년대 초~1990년대 중반에 출생한 밀레니얼 세대와 1990년대 중반~2000년대 중반에 출생한 Z세대를 통칭하는 말)는 최근 트렌드를 가장 잘 반영하는 단어이며 많은 매체나 사람들이 언급하는 말이기도 하다. 특히 그 세대 특징을 가지고 강의를 하는 나로서는 아이의 말이 흥미로웠다. 아이의 말을 끝까지 들어보니 결국 MZ세대라는 단어가 듣기 싫은 것보다는 '어쩌고저쩌고하는 것을' 듣기 싫어하는 것이었다.

물론 큰아이가 모든 20대의 생각을 대표하지는 않겠지만 아마도 어른들이라고 하는 기성세대가 무엇인가를 규정짓고 그루핑하는 것을 못마땅하게 생각하는 것 같다. 예전에 '세대 차이'라고 할 때 한 세대는 30년 정도를 의미했는데 요즘은 3년 정도를 의미한다고 한다. 그만큼 사회가 급변하고 사람들이 가진 사고의 틀도 변화가 빠르다. 중요한 건 요즘 20대들이 자신을 하나로 묶어서 평가하고 판단하는 것을 달가워하지 않는다는 점이다.

10대 후반~20대 자녀를 둔 아빠들의 생각은 어떨까? 그들의 성장 과정은 대략 비슷하다. 인생은 '마라톤'이고 언젠가 결승점이 있는데 그 결승점에 도달하기 위해 끊임없이 자신을 채찍질하고 단련해야 한다. 그 라인에서 혹시라도 넘어지게 된다면 다시 일어나기 어렵고, 다시 일어나서 달린다고 해도 쉽지 않은 인생이라고 여긴다. 물론 그 라인에 있는 아주 독특하고 앞서가는 몇몇 선구자들의 인생은 '마라톤'이 아니다. 각자가 가지고 있는 삶의 라인을 창조하고 만들어간다고 생각하고 행동한 이들도 물론 있다. 하지만 많은 아빠들이 그래왔듯이 주어진 하나의 로드맵이 있었고 지금까지는 그 맵이 통했다. 학창 시절 열심히 공부하고 좋은 대학 가고 졸업하면 좋은 회사에 취직하고 결혼하면 아이 낳고 아이가 좋은 대학 가면 부모가 으쓱한다. 그래서 "학생이 공부 안 하면 할 게 뭐가 있니?"라는 말이 은연중에 나온다.

과거의 아빠가 자신의 발목을 잡는다면

"절대로 그 사람같이 되고 싶지는 않았어요." 어렵게 말을 꺼낸 한 40대 아빠가 한 말이다. 여기서 말한 '그 사람'은 자신의 아빠를 지칭한 것이다. 강의 후에 추가 코칭이나 상담을 요청하는 학습자들 입에서 자신의 부모를 정확하게 지칭하지 않는 것을 듣고 처음에는 '아빠에 대한 분노가 얼마나 컸으면 그 사람이라는 말을 썼을까?' 하는 생각에 감정 이입을 하게 되었고 상담자 부모의 행동에만 포커스를 맞춘 적이 있다. 그 이후 코칭을 요청하는 많은 학습자들을 만나보니 생각보다 많은 사람들이 '그 사람, 그 OO' 등의 단어를 쓰고 있었다. 의미가 없는 말은 아니지만 그렇게 크게 집중할 말도 아님을 알게 되었다.

그 40대 아빠는 크면서 끊임없이 아빠에게 맞고 컸다고 했다. 특히 자신의 잘못이 아니라 동생의 잘못 때문에 형제 모두가 회초리를 맞은 이야기를 할 때는 아직도 분노가 남아 있는 것 같았다. 가끔 아빠를 이해하거나 용서하는 듯한 대화도 있었다. 적어도 자신의 아빠는 다른 아빠들처럼 술만 마시면 자신의 감정을 주체하지 못해 자식들을 때리지는 않았다고, 본인이나 다른 동생들이 잘못했을 때만 그 이유를 설명하고 때렸다고 했다. 그래서 그 점은 고맙게 생각한다고 했다. 하지만 결국 맞고 크면서 한 가지 결정한 것은 '내 자식은 절대로 때리지 말아야지, 나의 아빠처럼 되지는 말아야지'였다. 그런데 결국 아이를 때리고 말았고 그런 자신이 정말 싫고 자신에게 화가 난다고 말했다. 그러면서 한 번이 두 번이 되고 마침내 자신이 그렇게 싫어했던 아빠의 모습을 하게 될까 봐 두렵다고 했다.

이런 '과거의 가부장적' 아빠 밑에서 자란 '현재의' 아빠들 사례는 주변에서 얼마든지 찾아볼 수 있다. 의미 없는 구별이지만 폭력에도 경중을 따질 수 있다면, 앞의 사례자보다 더한 아빠도 있다. 어린 시절 지속적인 폭력과 경제적 무능력으로 가정을 책임지지 않은 아빠로 인해 고통을 겪은 사례도 있고, 심지어 살인을 저지른 아빠 때문에 30여 년을 살인자의 자식이라는 소리를 들으면서 살았다는 사례도 있다.

그런가 하면 반대로 아빠가 너무 자신을 감싸고 과잉보호에 가깝게 키운 바람에 성인이 된 후 아무것도 못하는 사람이 되었다며 자신의 철없음을 아빠 탓으로 돌린 사례도 있다. 실로 다양한 사례를 들으면서 드는 단 하나의 변하지 않은 생각은 '사람들은 자신이 겪은 일이 이 세상에서 가장 심각하고 힘든 일이다'라는 것이다.

그때 당신의 아빠는 몇 살이었나요?

 엄마든 아빠든 나의 부모님이 나를 낳고 기를 때 상황은 어땠을까? 혹시 몇 살에 자신을 낳고 길렀을까? 아마 개개인의 차이가 있겠지만 40~50대 아빠들의 부모님은 대략 20대에 자식을 낳았을 것이고 그 시절은 아마도 지금보다는 여러 가지 면에서 부족함이나 어려움이 많았을 것이다. 그렇다고 해서 그런 부모가, 신체적·언어적 폭력을 쓰고 자신을 힘들게 한 부모가 옳다는 말은 아니다.

 하지만 한번 생각해보자. 지금의 20~30대 아이들을 보자. 그 아이들이 자식을 낳고 아무 지식도 경험도 없이 자녀를 키우는 것과 같은 것이다. 게다가 우리 부모 세대는 좋은 부모, 좋은 아빠가 될 수 있는 정보나 경험도 적었을 것이다. 그 시절 부모가 아이를 낳을 때 알고 있는 정보나 경험이라고 한다면 단 한 가지다. 자신의 부모가 자신을 키워왔던 방식이 전부다. 그 부모의 부모는 또 그 부모의 양육 방식을 답습했을 것이다. 나의 부모든, 그 부모의 부모든, 부모로부터 좋은 영향을 받았을 수도 있지만 결국 문제는 부정적인 영향을 대물림받은 것이다. 그 대물림은 언제 누가 끊을 수 있을까? 지금 우리 세대가 끊어보는 건 어떨까?

더 이상 부모 세대를 탓하고 '아빠가 폭력적이어서, 능력이 없어서, 몸과 마음에 장애가 있어서' 등 부정적인 영향력을 계속 가지고 지금 자신의 행동을 합리화하거나 체념하지 말자. 부정적인 영향력은 우리 자녀에게 고스란히 물려진다. "아빠처럼 살지 말아야지, 아빠 같은 사람은 만나지 말아야지" 하는 대화는 아빠처럼 살게 되고, 아빠 같은 사람을 만나게 되는 확률을 커지게 한다. 왜냐하면 과거에 계속 머물러 있는 태도는 자신의 삶을 새롭게 만드는 가능성을 줄이기 때문이다. 더 이상 부모세대를 탓하지 말고 그냥 있는 그대로를 인정해보자. 억지로 용서하거나 억지로 화해하라는 말이 아니다. 그들도 그 상황에서 최선을 다했을 것이고 그걸 인정할 때 내가 새로운 아빠 역할을 만들어갈 수 있다.

'엄부자모'의 신화는 잊어라

어렸을 때 아빠에 대한 나의 기억을 떠올려보면 한마디로 '무서움'이었다. 자상하고 따뜻하게 대해주실 때도 있었지만, 그런 기억보다는 밥상머리에서 어른보다 먼저 숟가락을 들어서 혼이 났던 기억, 부모님이 운영하는 식당에 있던 음료수 냉장고에서 흰 우유가 아닌 초코우유를 꺼내 먹었다고 혼이 났던 기억 등이 지배적이다. 그래서 전체적인 아빠의 이미지는 부정적이다.

반면에 엄마에 대한 기억은 완전히 다르다. 엄마가 나를 혼내고 나에게 화를 낸 적이 있었지만, 그런 기억보다는 가끔 나에게 아빠 몰래 용돈도 쥐어주던 기억, 자식을 혼내는 남편에게 자녀 편을 들다가 부부 싸움으로 번졌던 기억 등이 지배적이다. 늘 네 명의 자녀를 엄한 아빠로부터 보호하려고 전전긍긍하던 모습이 떠오른다.

지금 생각해보면 엄했던 아빠나 자상했던 엄마 모두 그분들이 할 수 있는 최선의 부모 역할을 한 것이 아닌가 싶다. 엄한 아빠는 자신의 엄한 아빠의 모습을 알게 모르게 학습했을 것이고, 엄마 또한 자신의 엄마로부터 물려받은 역할의 대물림이었을 것이다. 엄부자모(嚴父慈母, 엄한 아버지와 자애로운 어머니)라는 말이 지금 시대에는 맞지 않으니 엄모자부(嚴母慈父)로 바꾸라거나 혹은 옛 선조의 말씀이 역시 맞다는 말이 아니다. 그냥 한번 다르게 생각해보자. '아빠는 이래야 해. 엄마는 이래야 해'가 꼭 필요한가? 아빠의 역할을, 엄마의 역할을 규정짓는 것이 내가 부모 역할을 할 때 오히려 행동에 제약을 주는 것은 아닐까? 어떤 정해진, 규정된 역할을 선택하기보다는 한번 '해야만 해' 틀에서 걸어 나오는 용기를 선택해보는 것은 어떨까?

사회적으로 합의된 암묵적인 틀, 또는 내가 의식하지 않았지만 내게 만들어진 틀 등 우리가 어떤 틀에서 나오는 건 쉬운 일이 아니고 정말 '용기'를 필요로 하는 일이다. 만약 지금 그 '용기'를 선택한다면 이제 준비된 것이다. 아무것도 남아 있지 않아서 무엇이든 채울 수 있는 역할의 공간을 마련했다면 정말 준비가 완료된 상태다. 훗날 우리 아이들에게 '어떤 아빠'로 기억되고 싶은가? 두렵고, 무섭고, 혹은 다가서기 불편한 존재로 남기를 바라는 사람은 아마도 없을 것이다.

2장 [변화]

21세기 아빠로 거듭나는 특급 노하우

입은 닫고 귀를 열면
한 걸음 더 다가선다

내 말이 자녀에게 먹히지 않는 이유

"내가 지금 이 이야기를 몇 년째 하니?"라는 말은 자녀에게 부모가 흔히 하는 말이다. 그런데 이 말을 자세히 살펴보면, 흥미로운 사실을 알게 된다.

첫째, 이 말을 하고 있는 부모는 자신의 말이 상대에게 영향이 없다는 것을 스스로 고백하고 있다.

둘째, 이 말을 듣고 있는 자녀는 부모가 하는 말의 내용은 그다지 상관이 없다. 아니, 신경 쓰지 않는다. 만약 신경 썼다면 똑같은 말을 몇 년째 하게 되지 않을 것이다. 부모가 원하는 대로, 바라는 대로 자녀 행동이 변화되어서 굳이 다시 말하지 않아도 될 것이다.

여기서 궁금한 점이 생긴다. 왜 효과가 없는 이야기 또는 똑같은 말을 몇 번 아니 몇 년째 하고 있는 걸까? 그리고 왜 자녀들은 부모가 하는 '이야기'를 받아들이지 않아서 같은 말을 반복해서 듣고 있는 걸까? 혹시 부모가 한 이야기에 문제가 있지는 않을까? 틀린 이야기이거나 소위 말도 안 되는 이야기인 건 아닐까?

아마 그렇지 않을 것이다. 어렸을 때 부모나 어른들에게 들었던 말을 떠올려보자. 정말 이상하고 틀린 말이 많은가? 잔소리처럼 들렸을지 모르지만 시간이 지나고 나서 보니, 다 나 잘되라고 하는 말이고 조언이었다. "나갔다 들어오면 손 씻어라", "입었다 벗은 옷은 올려놔라". "공부는 때가 있다. 때를 놓치면 어렵다" 등 부모가 하는 수많은 조언들은 피가 되고 살이 되는 말일 텐데 왜 자녀에게 먹히지 않을까? 누구의 문제인가? 같은 말을 계속하는 부모? 그 말을 듣지 않는 자녀? 지금 자녀에게 반복하고 있는 말이 있다면 잠시 멈춰보자. 멈추고 이 상황을 객관적으로 하나씩 분석해보자.

좋아하면 판단할 필요가 없다

미국의 모 대학에서 두 집단의 대학생들에게 다음의 문장을 말해주고 그에 대한 찬반을 물었다. "나는 약간의 반란은 좋은 것이며 자연계에서의 폭풍처럼 정치계에서도 필요하다는 것을 인정한다." 한 그룹의 학생들에게는 이 말이 미국의 제3대 대통령 '토머스 제퍼슨'이 한 말이라고 전했고 다른 그룹의 학생들에게는 소비에트 혁명가 '블라디미르 레닌'이 한 말이라고 전했다. 같은 내용임에도 불구하고 두 그룹의 학생들이 보인 반응은 완전히 달랐다. 제퍼슨이 한 말이라고 들은 학생들은 그 말에 거의 찬성했고 레닌이 한 말이라고 들은 학생들은 '반대'라는 의견을 냈다(EBS 〈지식프라임-좋아하면 판단할 필요가 없다〉 참조).

왜 이런 결과가 나왔을까? 여기서 볼 수 있는 것은 말의 내용이 상대방의 마음을 움직이는 데 중요한 역할을 하지 않는다는 것이다. 오히려 내가 말하는 사람을 어떻게 생각하고 있는지, 그 사람과 내가 얼마만큼 좋은 관계를 유지하고 있는지에 따라 동의 여부가 달라질 수 있다.

다시 돌아가서 부모·자녀와의 관계를 보자. 모든 상황이 그렇지는 않겠지만 결국 부모와 관계가 좋은 자녀는 부모의 말에 동의할 확률이 높다. 내가 좋아하고 존경하는 사람이 하는 말, 더욱이 나를 전적으로 지원하고 지지하는 말이라면 어떨까? 그 말에 동의의 수준을 넘어서 공감하고 부모의 말대로, 부모가 원하는 대로 변화된 행동을 하게 될 것이다. "내가 틀린 말 했니?" 옳은 말인데 자녀의 행동에 변화가 없다면 지금 말을 멈추고 먼저 관계를 들여다봐야 할 때이다.

있는 그대로 듣기는 생각보다 어렵다

초등학교 6학년 남자아이를 키우는 아빠가 이메일로 상담을 요청한 적이 있다. 아이가 어렸을 때는 정말 말이 많아서 '남자애가 저렇게 말이 많으면 어쩌지?'라고 걱정을 할 정도였는데 지금은 뭘 물어봐도 "네, 아니요, 그냥" 이 세 마디가 전부라는 것이다. 아이가 사춘기가 돼서 그런 것 같다고 사춘기 남자아이와 잘 대화할 수 있는 방법을 알려달라고 했다.

이 아이가 사춘기인지 아닌지, 사춘기라면 어떻게 잘 대화해야 하는지에 대해 알기 전에 먼저 그 아이가 말이 많던 시기에 부모가 어떻게 반응하고 대화했는지를 알아야 한다. 어렸을 때 (초등 저학년 정도까지) 아이들은 참새처럼 '재잘재잘' 말이 참 많다. 성별을 떠나서 아이의 성향에 따라 말이 많은 아이 적은 아이 다양하겠지만, 대체로 그 시기에는 유치원이나 학교 수업이 끝나면 엄마나 아빠한테 자신이 겪은 일에 대한 이야기를 쉴 새 없이 떠든다. 사실 이야기의 맥락도 없고 중복되는 이야기도 많고 자꾸 샛길로 빠지기도 한다.

그때 부모가 어떻게 반응했는지가 중요하다. 처음에는 잘 듣다가도 시간이 길어지거나 내가 할 일이 있다면 아이의 말을 멈추게 하고 지키지 못할 '다음'을 약속한다. 또는 아이의 말에 지속적으로 개입해서 부모 입장에서는 조언이라고 생각하지만 잔소리거나 핀잔일 수 있는 말들을 한다. "그래서 결론이 뭐야?",

"그건 아까 한 말과 다르잖아", "아빠가 좀 알아듣게 말할 수 없니?" 등의 핀잔 말이다. 처음에는 아이들도 부모의 말에 신경 쓰지 않고 계속하다가 시간이 지나면 말을 멈추게 되고, 하고 싶은 말이 있어도 잘 말해야 한다는 부담감 때문에 말하는 데 제약이 생기게 된다. 이게 계속 쌓이게 되면 이제 세 마디로 말하는 것이 편하다는 것을 알게 된다.

아이의 말을 그저 있는 그대로 듣자. 아이가 말할 때, '내가 뭐라고 대꾸해야 하나?', '저건 무슨 말이지?', '저 말이 맞나?', '왜 저렇게 말하는 거야?' 등 내 마음속의 말들과 대화하지 말고 아이의 말을 그냥 온전하게 들어보자. 아이들이 자꾸 샛길로 빠지면 질문하면 된다.

"그때 넌 어떤 생각이었어?", "그때 넌 뭘 하고 있었어?"처럼 상대에게 집중하는 것이 필요하다. 사춘기 아이들과 대화하는 법이 꼭 따로 있는 것은 아니다. 질문할 때도 취조하듯이 묻지 말고 "아빠가 우리 아들 학교생활이 너무 궁금해서, 우리 아들 힘든 거 없나 해서" 하며 내가 왜 이런 질문을 하는지 알려준다. 그러고 나서 아이가 무엇이든 말한다면 비교, 판단, 평가, 추측 등을 내려놓고 그 아이의 말을 '있는 그대로' 듣는다.

말은 내용보다 표현의 문제다

가끔 아이의 귀가가 예상보다 많이 늦을 때 전화기를 든다. 이럴 땐 대부분 화가 난 상태이므로 단도직입적으로 묻는다. "어디야?" 짧은 단어지만 여기에는 짜증과 화 그리고 의심스러운 말투가 내포되어 있다. 때론 아이가 어디에 있는지 정말 궁금할 때에도 전화기를 든다. 아이가 좋아하는 스파게티 해놓았는데 늦으면 맛이 없을까 봐 애타는 마음으로 묻는다. "어디야~?" 같은 말이지만 말끝에 애교 섞인 '응응'이 붙은 것처럼 듣는 마법이 일어난다. 같은 "어디야?"지만 상대방은 다른 경험을 할 것이다.

아이의 행동에 대해 핀잔이나 비난을 할 때 쓰는 "자~알 한다"는 정말 '잘한다'는 말은 아닐 것이다. 같은 말이지만 말하는 사람의 말투와 뉘앙스에 따라 상대가 받아들이고, 받아들이지 않는 이유는 뭘까?

머레이비언의 법칙(The Law of Mehrabian)에 따르면 대화할 때 상대방이 말하는 사람에게 집중하는 이미지는 시각 이미지(자세, 복장, 용모, 제스처 등 외적 이미지) 55%, 청각 이미지(목소리 톤, 음색, 뉘앙스 등) 38%, 언어(말의 내용)는 7%로 상대방 말의 내용이 차지하는 비중이 미미하다. 이 법칙을 부모와 자녀의 대화에 적용해보면, 부모가 하는 말은 내용이 중요하기보다는 어떻게 말하느냐가 중요하다. 상대방이 중요하게 여기는 것에 집중해야 상대, 즉 자녀가 그 말을 받아들일 것인지, 아니면 그냥 스킵하고 흘려보낼 것인지가 결정된다. 듣는 사람은 93%를 시청각에 집중하는데 말하는 사람은 7%에 불과한 말의 내용에 신경을 쓰기 때문에 대화의 단절이 생기고 커뮤니케이션의 오류가 생기고 상대방과 연결됨이 끊어지는 것이다. 대화는 핑퐁이다. 상대에게 내 말의 공을 주었다면 상대가 그 공을 다시 주기를 기다리는 것이 필요하다. 기다리는 시간 없이 계속 일방적으로 한다면 아무리 멋있는 공을 준다고 해도 효과가 없다. 아마 그 공에 아이들의 마음은 깔리고 무너질 것이다.

앞서 언급했듯이 부모가 하는 말은 거의 다 맞는 말일 수 있고 사실 필요한 말들이다. 하지만 아무리 좋은 내용도 상대가 받아들이지 않는다면 계속해야 할 필요는 없다. 내가 하고 있는 말이 맞는지 틀리는지를 판단하는 것 대신에, 내가 하고 있는 말을 자녀가 얻고 있는지를 살펴야 한다. 그리하지 않으면 또 이런 말을 하게 될 것이다. "내가 이 얘기를 몇 년째 하고 있니?"라고 말이다. 지금보다 한 번 더 입은 닫고, 한 번 더 귀는 여는 연습이 필요하다. 연습이 계속될수록 아이는 아빠에게로 한 걸음 더 다가올 것이다.

친구 같은 아빠가
되는 것 대신에

아빠가 '친구처럼' 되지 못하는 이유

몇 년 전 드라마에서 본 장면이다. 주말, 소파에 누워 있는 아빠를 보고 여덟 살 정도 되는 아이가 말한다. "비켜!" 깜짝 놀란 엄마에게 들려온 아빠의 대답이 엄마에게 더 충격인 듯하다. "아, 미안해요. 아빠가 우리 따님 자리를 안 남겨놓았네?" 화가 난 엄마가 아이에게 말한다. "지금 아빠한테 그게 무슨 말버릇이야? 아빠가 네 친구니?" 아이의 대답은 가히 놀라웠다. "엄마도 그러잖아."

드라마를 보다가 생각했다. '대체 이게 무슨 대화인가?' 아무리 아이가 어려도 이건 부모·자녀 간의 대화라고 볼 수 없을 것이다. 물론 극 중에서는 아빠의 장난으로 그려지긴 했지만 사실 현실에서도 없는 이야기는 아니다. 식당에서 장난치다가 넘어져서 울고 있는 아이에게 "화가 나면 대신 아빠를 때려"라고 팔을 내주는 아빠의 사례도 있고, 딸바보를 자처하며 딸이 하는 모든 짜증과 화풀이를 다 받아주는 아빠도 있다. 심지어 부모는 자녀에게 경어를 사용하고 반대로 자녀는 아빠에게 반말을 하는 대화를 들었을 때는, 마음 같아서는 달려가서 부모를 코칭해주고 싶은 충동이 일어날 때도 있었다. 아마도 예전에 엄한 아빠 밑에서 성장한 아빠들이 자신의 자녀에게 그와는 반대로 부모 역할을 하려고 하는 것의 부작용이 아닌가 싶다.

'친구 같은 아빠', 뭔가 이상적으로 들리고 실제로 좋은 말이다. 자녀와 친구처럼 잘 통한다는 말이지 않은가? 하지만 이 말에서 간과하지 말아야 할 말은 '같은'이다. 친구 '같은' 것이지 아빠가 친구는 아니다. 자녀가 어렸을 때부터 부모는 권위를 가져야 하고 그리하지 않으면 자녀가 성장해서도 그 무너진 권위는 되찾기 어렵다. 여기서 권위는 '권위적인'이 아니라 '권위가 있는'이다. 부모의 권위가 무너지고 진짜 친구가 된다면, 훗날 성장한 자녀에게 아빠가 쓴소리를 해야 할 때 자녀에게 이런 말을 들을 수도 있다. "닥쳐!" 그때가 되어서야 화를 내고 어른에 대한 예의를 가르쳐봤자 효과도 없을 뿐더러 역효과만 생길 것이다.

가끔 강의 중에 "중고생 아이들이 고민이 있을 때 찾아가는 대상은?"이라는 질문을 할 때가 있다. 이 질문에는 항상 정답이 나온다. 예측했겠지만 1위는 '친구'다. 많은 청소년들이 자신이 힘들고 어려울 때 친구를 찾는다. 청소년 고민의 유형은 정말 천차만별이다. 학업 성적, 이성 관계, 학교 폭력을 넘어 심지어 임신, 자살 충동 등 그 범위가 넓다. 친구에게 찾아가서 고민을 털어놓는다고 한들, 그 친구는 문제를 들어주고 공감해주는 역할을 해줄 뿐 사실 해결책을 제시하거나 올바른 도움을 주기는 어렵다. 어려운 문제일수록 그것에 도움을 주고 해결해줄 수 있는 어른을, 즉 부모를 찾아가야 하는데 그렇게 하겠다고 답한 아이들이 많지 않다.

통계청이 발표한 '2021 청소년 통계' 중 청소년이 고민이 있을 때 상담하는 대상을 조사한 표를 보면, 그나마 엄마는 23%인데 아빠는 고작 4.2%다. 주목해서 볼 수치는 엄마와 상담을 한다는 자녀 중 딸은 24.7%, 아들은 21.2%로 차이가 3.5%인데 반해 아빠와 상담한다는 자녀의 결과를 보면 아들은 6.8%, 딸은 1.6%로 5.2% 차이가 났다는 것이다.

이 글을 읽고 있는 아빠들은 한번 생각해보기를 바란다. 내가 과연 4.2% 안에 들어갈 수 있을 것인가? 23%로 나온 엄마의 수치 또한 그리 높은 수치는 아니다. 10년 전의 조사에서도 엄마는 22%, 아버지는 4.1%였기 때문에 세월이 흘러도 큰 변화가 있다고 보기는 어렵다. 왜 자녀들은 고민이 생기면 엄마와 아빠에게 그 고민을 가져가지 않을까? 부모님이 걱정하실까 봐? 그건 정말 오산이다. 극단적인 예를 들면, 아들이 여자친구를 임신시켰고 아빠에게 그 고민을 말했다면 아빠의 반응은 어땠을까? 친구처럼 지금 자녀가 얼마나 힘들지 그리고 이렇게 자신에게 이야기를 해줘서 얼마나 고마운지를 말해줄 수 있을까? 아마 화를 내거나 자녀의 감정과 상태는 뒷전이고 상황만 해결하려고 했을 것이다.

청소년의 고민 상담 대상(13~24세)

(단위: %)

	계	친구·동료	부모	아버지	어머니	형제자매	인터넷(SNS)[1]	스승	기타[2]	선후배	스스로해결
2018	100.0	49.1	28.0	4.1	23.9	5.1	-	1.5	1.0	1.5	13.8
2020	100.0	43.4	27.1	4.2	23.0	6.1	1.4	1.0	0.9	0.8	19.1
남자	100.0	40.7	28.0	6.8	21.2	4.9	1.7	1.2	0.9	1.1	21.5
여자	100.0	46.0	26.3	1.6	24.7	7.3	1.2	0.8	0.9	0.5	16.9
13~18세	100.0	36.1	32.5	5.1	27.5	5.9	1.9	1.5	0.5	0.6	21.1
19~24세	100.0	49.0	23.0	3.5	19.6	6.3	1.1	0.7	1.3	1.0	7.7

자료: 통계청, 「사회조사」
주: 1) 2018년 '스스로 해결'에 포함. 2020년부터 '인터넷(SNS 등)'을 분리하여 별도 항목으로 조사
2) '전문 상담가' 포함

☐ 청소년이 고민을 상담하는 대상은 친구·동료(43.4%)가 가장 많고, 그 다음은 부모(27.1%), 스스로 해결(19.1%), 형제자매(6.1%) 등의 순임
○ 13~18세의 경우 19~24세에 비하여 부모에게 상담하거나 스스로 해결하는 경우가 상대적으로 많음

출처: '2021 청소년 통계', 통계청, 2021. 5. 25.

아이들은 뻔히 그려지는 미래에 자신을 넣지 않는다. '내 아이는 절대 그럴 일이 없다'라고 단언하지 말기를 바란다. '절대'라는 건 없다. OECD 국가 중 한국의 청소년 자살률이 1위라는 사

실을 모르는 사람은 없을 것이다. 우리나라는 8년째(2020년 기준) 청소년 사망 원인 1위가 자살이다. 자녀가 그런 생각을 하지 않기를 바라기보다는 만약, 혹시라도 그런 생각이 들었을 때 아빠에게 오도록 해야 한다. 아빠에게 다가와서 지금 어렵고 힘들고 속상하고 도움이 필요하다고 말할 수 있어야 한다. 부모는 그런 존재여야 한다.

내 아이가 나에게 온다

최근에 읽은 책 중에 제목이 끌려서 구입하게 되었는데 내용도 좋아서 여러 지인에게 소개해준 책이 있다. 느티나무어린이도서관 박영숙 관장의 《내 아이가 책을 읽는다》(박영숙, 알마, 2006)이다. 아마도 이 책을 선택한 부모들은 분명히 자신의 자녀가 책을 읽기를 바라는 마음에서 선택하지 않았을까 싶다. 만약 내가 다음 번에 책을 내게 된다면 '내 아이가 나에게 온다'라는 제목으로 정하고 싶다. 특히 청소년 자녀가 아빠에게 무엇인가를 들고 온다는 것은 얼마나 아름다운 일인가? 하물며 문제를 들고 와준다면 더할 나위 없이 행복한 일일 것이다.

청소년인 내 아이가 나에게 오도록 하기 위해 자녀가 어렸을 때부터 아빠에게 가장 필요한 필살기는 뭘까? 정말 효과적인 것 딱 하나만 꼽는다면 칭찬이다. 분명 '필살기'라고 했는데 '칭찬'이라는 답에 조금은 실망했을지도 모른다. 칭찬의 중요성은 많이 알고 있고 심지어 "칭찬은 고래도 춤추게 한다"라는 말도 있지 않은가? 하지만 많은 사람들이 올바른 칭찬을 하고 있지 않다. 먼저 지금까지 내가 하고 있었던 칭찬을 돌이켜보라. 대상이 누구든지 간에 결과에 대한 칭찬일 확률이 높다. "잘했다", "수고했다", "애썼다" 등 결과에 대한 칭찬은 처음만 칭찬이지 그 이후에는 상대방이 칭찬받았다고 경험하지 못한다. 나아가서 '입에 발린 소리'가 될 수 있다. 특히 아이들에게는 더 큰 부작용을 낳는다. 어렸을 때부터 결과에 대한 칭찬만 받았다면, 아이들은 이제 어른들로부터 칭찬받지 못할 일은 아예 시도하지 않을 수 있다. 또한 결과 중심적으로 사고하게 되고 과도한 경쟁으로 자신을 내몰 수 있다.

"착하다", "예쁘다", "멋있다" 등 평가를 칭찬으로 둔갑시키는 말도 하지 말아야 한다. 결과에 대한 칭찬보다는 과정에 대한 칭찬이 상대방에게 효과적이다. 예를 들면, "발표가 귀에 쏙쏙 들어오네", "한눈에 볼 수 있어서 좋네", "힘들었을 텐데 끝까지 애썼네" 등 명확하게 말해주는 것이 필요하다. 이렇게 과정에 대한 칭찬을 우리는 '격려'라고 한다. 칭찬은 무엇이든 성공했을 때만 할 수 있지만 격려(과정에 대한 칭찬)는 실패했을 때도 할 수 있는 최고의 무기다. 태권도 품띠를 따지 못했을 때, 받아쓰기에서 40점을 맞았을 때, 심지어 이성 친구와 헤어졌을 때도 가능하다.

이런 일련의 것을 하기 위해 자녀가 무엇을 어떻게 얼마나 시간과 공을 들였는지 알아주고 격려해줄 때 아이들의 자존감은 높아질 수 있다.

만약 아빠가 자녀와 대화할 때마다 격려하고 칭찬하고 지지하는 말을 한다면 아이들은 어떨까? 아이가 힘든 일이 있을 때 당연히 부모에게, 아빠에게 달려가서 손을 내밀지 않을까? 만약 내 아이에게 칭찬 거리, 격려 거리가 없다고 생각한다면 그건 내가 삶을 너무 당연하게 보고 있는 건지도 모른다. 아침에 짜증 안 내고 일어나는 아이, 건강하게 학교 가는 아이, 밥 잘 먹는 아이 등 당연한 것은 하나도 없다. 지금 자녀에게 칭찬할 거리를 리스트업해보자. 당연한 것이 없다고 생각하면 50개 아니 100개도 쓸 수 있을 것이다. 내 아이가 나에게 오길 바란다면 아이가 올 수 있는 공간을 내가 먼저 만들면 된다.

헬리콥터 아빠에서 내비게이션 아빠로 거듭나기

'헬리콥터 맘'에 대한 이야기는 기존에도 많이 들었는데 요즈음은 맞벌이 가정이 늘어나면서 '헬리콥터 대디'라는 단어가 간간히 들려온다. 자녀의 유치원 결정은 물론이고 학교생활과 이후 취업, 결혼까지 자녀 삶의 모든 주도권을 쥐고 주변을 맴도는 헬리콥터 아빠 말이다. 그동안 엄마에게만 맡겨왔던 육아와 교육을 아빠도 함께하는 것은 정말 반가운 일이 아닐 수 없지만 관심이 지나쳐 독이 되는 경우가 종종 있다. 특히 헬리콥터 대디는 본인이 수집한 정보를 가지고 전문성을 내세워 문제에 접근한다고 한다. 충분히 대화로 풀 수 있는 문제를 법적으로 제도적으로 먼저 접근해서 문제를 키우는 경우도 있다.

물론 아이가 어렸을 때 무엇인가를 결정해야 한다면 부모의 도움, 아빠의 정보와 관심이 필요하다. 하지만 이 도움과 관심이 자녀가 성장해서도 지속된다면 문제가 발생한다. 자녀가 성장하면서 스스로 자신의 삶을 디자인하고 살아갈 수 있도록 지원하고 지지하는 역할을 해야 하는데 언제까지 자녀 주변을 맴돌면서 자녀의 문제를 대신 해결해주고 간섭할 수 있을까?

헬리콥터 맘도 문제지만 헬리콥터 대디도 마찬가지다. 그래서 나는 내비게이션 아빠를 권해본다. 우스갯소리로 남자가 인생을 편하게 살려면 두 여자의 말만 잘 들으면 된다고 하는데 하나는 아내의 말이고 나머지 하나는 내비게이션에서 나오는 여자의 말이라고 한다. 아빠도 자녀에게 내비게이션의 역할을 하면 어떨까? 내비게이션의 가장 중요한 역할은 목적지에 도달할 수 있는 가장 빠른 길을 선택하는 데 도움을 주는 것이다.

하지만 다른 역할도 있다. 운전자가 길을 잘못 들었을 때 올바른 길을 찾아주거나 처음 목적지를 입력했을 때 목적지에 가기 위한 다양한 선택지를 보여주기도 한다. 자녀와 목표 또는 계획을 세우고 자녀가 선택할 수 있도록 하고 혹시 다른 길로 가고 있다면 다시 처음 선택을 상기시키고(내비게이션의 용어로 하면 "경로를 벗어났습니다. 새로운 경로로 안내됩니다" 등 말이다), 만약 제시한 길로 가지 않고 자신의 길을 고집한다면 화내지 않고 묵묵히 다시 알려주는(내비게이션은 절대 화내지 않는다. 경로를 벗어났다고 말해줄 뿐) 그런 존재면 충분하지 않을까?

자녀를 가르치는 것은 이제 가정에서보다는 그 외의 영역에서 더 효과적이다. 아이들은 학교에서 매체에서 더 많이 학습하고 받아들인다. 오히려 가정에서 부모는, 아빠는 자녀가 자신의 삶을 올바르게 디자인할 수 있도록 지원하고 지지하고 또 가이드해야 한다.

아이가 닮고 싶은
아빠 되기

아빠처럼 되는 게 꿈이에요

세계적인 그룹으로 성장한 방탄소년단의 멤버 뷔가 최근 한 예능에서 MC 유재석의 질문에 이렇게 답해 화제가 되었다. "아빠를 닮았다는 말을 많이 들었어요. 외모도 닮았지만 저는 아빠의 모든 것을 닮고 싶어요. 아빠가 꿈이에요." 워낙 글로벌 스타가 돼서 내 자녀는 아니지만 괜스레 외국에서 기사가 나오면 자랑스러운 마음이 들던 그룹의 멤버 중 한 명이 한 말이라 좀 놀라웠다. 음악적으로 존경하는 뮤지션도 있을 테고 사회에서 닮고 싶은 어른들도 있을 텐데 아빠가 꿈이란다. 속으로 생각했다. '뷔의 아빠는 좋겠다. 행복하겠다. 아들이 유명해서도 그렇지만 아빠가 꿈이라니….'

지금 10~20대에게 누구처럼 되고 싶은지 묻는다면 어떤 대답이 나올까? 아니, 롤 모델이라는 게 있는지도 궁금하다. 요즘 친구들이 존경할 만한, 닮고 싶은 사람이 있는지도 궁금하다. 우스갯소리로 초등학교 아이들의 꿈은 예전처럼 연예인, 크리에이터가 아니라 조물주 위에 있다는 '건물주'라는 이야기도 있다.

실제로 불과 2~3년 전 방학 때 초등학교 고학년을 대상으로 진행한 '꿈의 학교'에서도 아이들의 꿈을 적는 칸에 적잖이 건물주가 적혀 있던 기억이 난다. 자신의 관심사에서 롤 모델을 찾는 것은 어렵지 않다. 그 분야의 최고를 찾으면 된다. 관심 있는 분야의 최고를 찾아보는 건 아마 꿈을 이루기 위해서이기도 하지만 훗날 갖게 될 직업과도 깊은 연관이 있을 것이다. 물론 그 사람이 도덕적으로 인격적으로 훌륭하다면 더할 나위 없이 좋겠지만 그렇지 않더라도 자신의 분야에서 최고이거나 성공했다는 이유만으로도 박수 받을 만하다.

멘토가 실종되었다

하지만 지금 내가 가장 의문스러운 건, 다양한 관심사를 가진 아이들이 자신의 삶의 멘토가 되고 길잡이가 되는 사람을 쉽게 찾을 수 있는지 여부다. 한참 멘토 열풍이 불어서 몇천, 몇만 명의 사람들이 강당에서 사회적으로 어른인 사람의 말을 경청하고 그 말을 실천하려고 노력했던 적도 있었다. 많은 청중 앞에 섰던, 그 많은 화두를 던지던 사람들은 어디로 갔는가? 논란의 여지는 있겠지만, 청춘의 희생과 고통을 당연하게 받아들이라고 했던 대학교수, 무소유를 말했지만 정작 본인의 삶은 소유로 점철된 스님 등 멘토라고 여겼던 몇몇 사람들이 대중에게 실망을 안겨주었고, 아이들도 그 실망하던 그룹 중에 하나였을 것이다.

물론 아직도 여전히 많은 이들의 삶에 영감을 주고 선한 영향력을 끼치는 멘토, 셀럽, 학자 등은 있다. 다만 그들의 생각, 철학을 자기 삶에 적용하고 그들의 말에 수시로 영향을 받으려면 자신과 아주 가까운 사람이어야 한다. 아이들은 더더욱 그렇다. 우리가 사는 시대는 변화가 매우 빠른 시대다. 게다가 코로나19 이후 세상의 변화에는 가속도가 붙었다. 그 변화를 쫓아가는 것만으로도 벅찬 시대에 정말 아이들 삶의 길잡이가 될 수 있는, 지속적이고 밀접한 영향을 주는 사람은 누구일까?

바로 부모다. 그래서 부모, 자신의 아빠가 꿈이라고 한 '뷔'가 멋져 보였고, 뷔의 아빠가 부러웠다. 아이들에게 어떤 부모가 되면 좋겠냐고 묻는 부모들이 있다면 나는 두말 않고 이렇게 말하고 싶다. 아이들의 멘토가 되시라고.

자녀의 사회성과 도덕성은 학습된다

자녀 발달 과정에 따른 부모 역할 다섯 단계 중에 혹시라도 내게 "다 중요하겠지만 어느 단계의 부모 역할이 가장 중요한가요?"라고 묻는다면 단언컨대 3단계 아동기라고 답할 것이다. 모든 단계가 다 중요하다. 하물며 이 책에서 명시적으로 언급되지 않았지만 5단계 이후 6단계인 성인기 자녀에게 해야 할 부모 역할도 중요하다. 하지만 '가장'에 방점을 찍는다면 아동기 자녀의 부모 역할이, 더욱이 아빠 역할이 가장 중요하다. 왜냐하면 아동기는 아이의 평생을 결정할 수도 있는 중요한 시기이기 때문이다.

부모 역할의 이해를 돕기 위해 잠시 아동기(만 3~7세)의 특성을 살펴보면, 만 3세 이후 아이는 세상을 향해 호기심을 가지고 탐험을 하게 되고 자아개념이 발달하게 된다. 또한 만 5세 이후는 사회성과 도덕성, 그리고 자존감이 자라는 시기다. 내 아이가 삶을 살아가는 데 가장 필요한 세 가지(사회성, 도덕성, 자존감)가 모두 이 시기에 집중적으로 형성되고 키워진다고 하니 내 아이의 올바른 성장을 위해서는 이 시기가 부모 역할의 최적기인 셈이다. 특히 사회성의 기본은 관계이므로 이 시기에 가장 영향을 주는 부모와의 관계 맺음을 통해 아이가 사회성을 키워나갈 수 있다.

아이는 부모를 보면서, 특히 아빠와 관계 맺으면서 일차적으로 사회를 경험한다. 아빠가 가족들을 어떻게 대하는가는 자녀가 성장해서 타인을 대하는 방식에 영향을 준다. 부모의 훈육 방법은 자녀가 옳고 그름을 판단하고 자신의 충동적인 행동을 조절할 수 있는 힘과 연관이 되어 있다. 도덕성도 마찬가지다. EBS와 서울대가 '도덕성 병인에 관한 연구'를 실시한 내용을 보면(EBS 〈아이의 사생활 제2부 도덕성〉, 2011) 도덕성이 높은 집단이 도덕성이 낮은 집단보다 삶의 만족도, 낙관성, 긍정성, 희망, 좌절 극복 등이 뛰어남을 알 수 있다. 도덕성이 성인이 된 후 인생관에도 영향을 미친다는 것을 볼 수 있다. 그렇다면 이 시기에 생기는 도덕성을 높일 수 있는 방법은 무엇일까? 이는 좀 무서운 이야기일 수 있지만, 아이는 부모의 도덕성을 모방한다. 아이가 성장하면서 모방을 통해 사회 구성원과의 동일화 과정을 거치게 되는데 이때 가장 영향을 주는 대상이 부모임은 틀림없는 사실이다. 부모의 도덕성을 모방하기 때문에 부모가 성인군자로 살아야 한다는 말은 아니다. 다만 연구 결과가 그렇다는 이야기다.

다행히 희망적인 소식은 도덕성은 훈련과 연습으로 생긴다는 것이다. 도덕성을 이루는 정서와 인지가 아무리 발달하였다고 하더라도 도덕적 행동으로 나오지 않으면 의미가 없다. 도덕적 행동의 연습은 가정에서부터 시작된다. 부모가 그 시작이다. 아무리 사소해 보이는 약속이라도 지키려고 하고 그러지 못했을 경우에는 그냥 넘어가지 않고 사과한다. 다른 사람이 볼 때와 보지 않을 때의 행동이 일치하도록 한다. 아파트 단지 앞 짧은 거리 횡단보도 앞에서 아이 손을 잡고 빨간불에 건너는 어른을 보았다. 아이는 머뭇거렸지만 아빠는 속삭였다. "얼른 가자. 차가 안 올 때는 괜찮아." 가끔 가족들에게 "이 정도면 괜찮아. 사람이 융통성 있게 살아야지. 그래야 사회생활 잘하는 거야" 하며 자신의 비도덕적인 행동을 합리화하는 수단으로 융통성과 사회생활을 사용하는 아빠들을 본다. 자녀가 행복한 인생관으로 살아가길 바라는가? 항상 아이는 부모를 모방한다는 사실을 잊지 말자.

말로 하면 따지고 몸으로 하면 따르더라

큰아이 중학교 도덕 시간 과제 중에 자신이 가장 존경하는 사람을 선정하고 생존한다면 그 사람과 인터뷰를 해서 발표하는 과제가 있었다. 그 당시 나는 아이의 과제를 도왔기 때문에 다른 친구들은 누구를 존경하는 사람으로 꼽았는지 궁금했다. 아이의 답변이 놀라웠다. 한 반에 32명 정도 있는데 우리 큰아이만 유일하게 '부모'를 인터뷰했다는 것이다. '발표하지 않은 친구들 중에 있겠지'라는 생각은 바로 바뀌었다. 도덕 선생님이 친절하게도 32명이 인터뷰한 사람들을 분류한 결과를 알려주었고 큰아이를 제외하고 부모나 가족을 선택한 학생은 더 이상 없었다.

그 과제가 부모·자녀 관계의 모든 것을 나타낸다고는 생각하지 않는다. 큰아이 반만 그럴 수도 있지만 추측해보면 아마도 다른 반들도 큰 차이가 있지는 않을 것이다. 이유가 뭘까? '존경'이라는 단어가 거창해서 늘 함께하는 가족은 그 단어와 어울리지 않았던 것일까? 아마도 아이는 부모로부터 무엇인가를 배우고 그들을 닮고 싶은 마음이 없는 건 아닐까?

부모는 TV나 휴대폰을 보면서 자녀에게 책 좀 읽으라고 한다. 자신의 부모에게는 존경의 마음으로 대하지 않으면서 자녀에게 어른들을 공경하고 올바른 말을 쓰라고 한다. 부모는 밤늦게까지 TV를 보면서 자녀에게 일찍 자라고 한다. 부모는 바쁘다는 핑계로 무단횡단을 하면서 교통법규를 지켜야 한다고 한다. 부모가 사회적 약자를 대하는 모습, 타인을 배려하는 모습, 사회적 규칙과 법칙을 지키는 모습 등이 진짜 살아 있는 교육이고 자녀의 도덕성 훈련의 출발점이 될 것이다. 혹시 자녀가 어릴 때는 부모의 도덕적이지 못한 모습이 큰 영향이 없다고 생각할지도 모른다. 하지만 실상은 그렇지 않다. 아이들은 부모의 이중적인 모습을 경험하게 되고 부모의 말을 귀담아듣지 않는다. "내가 몇 번 말했니?"는 그 증거다. 몇 번이고 말해야 한다면, 아니 몇 번씩이나 말해도 행동에 변화가 없다면 그 말은 효과가 없는 것이다. 멈춰야 한다. 말로 하면 따지고 몸으로 하면 따른다. 부모의 자존감, 사회성, 도덕성은 자녀에게 가장 큰 영향을 준다. 자녀의 잘못된 행동에 집중하기보다 아빠 자신의 행동을 면밀히 살펴보자. 아빠로서 내가 아이에게 준 영향은 무엇인가?

아빠 자신을
리디자인(re-design)하라

당신은 아이들에게 질문받는 아빠인가?

둘째 아이가 퇴근하는 엄마를 보자마자 기다렸다는 듯이 웬 프린트물 한 장을 건넸다. "수행인데 이거 잘 모르겠어. 엄마 알아?" 좀처럼 자신의 영역에 침범받는 것을 싫어하는 '무서운 중2'인 둘째가 질문을 다 하다니 급하긴 급했나 보다 싶어 옷도 안 갈아입고 아이가 가리키는 단어를 유심히 봤다. 형광으로 칠해져 있는 단어는 '메타버스'였다.

이것저것 썼던 흔적도 있는 것 같고 자신의 노트북에 검색한 기록도 있는 것으로 보아, 혼자서 뭔가 찾으려고 했다가 시원치 않았는지 질문한 것이었다. 분명 아빠가 먼저 와서 식사를 준비하고 있었는데 아빠한테 물어보지 않은 이유가 궁금했다. 아이의 대답은 웃기기도 하고 쑥쓸하기도 했다. "아빠 A를 물으면 A에 대해서만 대답하면 되는데 B도 말해. 너무 길고 지루해."

아이는 이어서 "엄마도 모르면 나 그냥 인터넷에서 찾은 거 베낄 거야. 선생님이 거기 나온 거 말고 다른 답을 써오라고 했단 말이야" 하며 덧붙였다. 뒷부분은 못 알아듣게 말했지만 아마도 숙제를 낸 선생님을 탓하는 대화 또는 원망이었을 것이다. 그동안 아이들이 아빠한테 질문을 하지 않았던 이유를 드디어 알았다. 흥미로운 사실을 알았으니 다른 사람들은 어떤지, 그들도 그런지 검증해보고 싶은 생각에 지인들 그리고 학습자들에게 물어봤다. 비단 우리 집만의 이야기는 아닌 듯했다. 재미있는 건, 이 똑같은 질문에 대부분의 아빠는 아니라고 답했고, 대부분의 엄마는 그렇다고 답했다는 사실이다. 물론 공식적인 조사는 아니지만 참 흥미로운 결과임은 분명하다.

아빠들은 왜 아이들이 A를 물으면 A만 답하지 않을까? 자녀에게 더 정확한 정보를 주고 싶은 아빠의 마음인가? 그럴 수도 있지만 아마도 아빠의 권위 의식 때문은 아닌지 한번 생각해볼 필요가 있다. 질문한 사람의 입장에서가 아니라 내 입장에서 답하려고 그런 건 아닐까? 그럴듯하게 답하고 싶어서 그 단어가 어떤 맥락에서 나왔는지 그리고 어떨 때 쓰이는지 등 사설이 길어진다면, 모두 알다시피 빠른 세대인 아이들이 귀를 닫게 될 것이다.

아이들은 시대 변화를 자연스럽게 알아챈다

예전에는 10년에 한 번 강산이 변했는지 모르지만, 요즘의 변화는 10개월도 길다고 느껴질 것이다. 4차 산업혁명은 이 변화를 빠르게 앞당겼고 특히 코로나19는 우리가 준비하지 않았음에도 불구하고 우리의 삶을 완전히 변화시켰다. 아이들은 이 변화에 빠르게 적응하고 있다. 부모는 그 변화를 따라잡아야 한다.

아이가 왜 이걸 나에게 물었는지, 정말 필요한 게 무엇인지 먼저 물어보자. 아빠니까, 어른이니까 멋지게 답하는 것을 아이들은 그다지 기대하지 않는다. 잘 모르겠으면 같이 찾아보고 솔직하게 말하자. "신기하다. 이런 것도 있구나" 하고 말이다. 어쩌면 요즘 아이들은 4차 산업혁명을 아무런 저항 없이 그저 당연하게 받아들이고 있는지도 모른다. 20세기 부모들이 세상의 변화 속도에 놀라서 우리 아이만 도태될까 봐 지레 걱정하는 것일 수도 있다.

아이들은 이미 그런 세상에서 자라고 있으므로 이런 변화가 신기하거나 걱정되거나 하지 않을 수 있다. 하물며 부모들이 가지고 있는 위기감조차 생소할 수 있다. 어쩌면 이들을 키우고 있는 부모 세대가 변화된 세상에서 내 아이를 어떻게 잘 키워야 할지 걱정되고 불안해서 아이들에게 시대에 맞지 않는 요구를 하는 것은 아닐까? 그리고 그러한 요구가 갈등을 유발하는 것은 아닐까?

사회가 너무 빨리 변화하고 미래를 예측하기 어려워 보다 안정적인 삶을 지향한다고 한다. 많은 청년들이 안정적인 직업을 위해 몇 년씩 좁은 고시원에서 미래를 준비하기도 한다. 그리고 여전히 많은 부모들은 가능한 한 자신의 아이들이 '의사, 판사, 검사, 변호사, 교사' 등 '사'자로 끝나는 직업을 갖게 하고 싶어 한다. 하지만 나는 부모로서 조금 다른 관점으로 바라보고 싶다. 이미 정해진 미래라면, 아무리 변화를 원해도 쉽지 않다면, 사회가 굳은 콘크리트 같다면 우리 아이들의 미래는 어떨까? 정해져 있다는 것은 '안정성'을 가져올 수 있지만 반대로 '지루함과 고루함'을 가져올 수 있다. 시대는 변화하는데 생각은 변화하지 않는다면 그 갭에서 오는 더 큰 불안감이 오히려 아이들에게 해가 될 수 있을 것이다. 아이들은 부모의 생각보다 변화에 빨리 적응한다. 이사를 가본 경험이 있다면 알 것이다. 낯선 지역에 어른들은 적응하기 어렵지만 아이들은 빠르게 적응한다. 아이들은 유연하다. 유연한 아이들을 자꾸 부모가 만든 틀에 가두지 않으면 좋겠다.

'트루먼'은 우리 곁에 있다

최근 가족들과 우연히 영화 〈트루먼 쇼〉(The Truman Show, 1998)를 보면서 섬뜩한 기분이 들었다. 1998년 개봉해서 크게 화제가 되었던 영화를 뒤늦게 보게 된 것이었는데, 시간이 흐른 지금도 영화의 소재가 크게 와닿는 것 같았다. 짐 캐리가 열연한 '트루먼'은 탄생부터 인생 전체가 다 짜인 각본에 따라 사는, '쇼'에서 사는 남자다. 그런 트루먼이 자신의 인생이 전부 가짜임을 알고 난 뒤 거대한 세트장을 탈출하는 과정을 보여주는 게 영화의 줄거리다.

영화적 상상이지만, 만약 나의 미래가 이미 정해져 있고 안정적인 틀 안에서만 살게 된다면 편할 수는 있겠다. 하지만 자신이 바꿀 수 있는 것은 아무것도 없는 삶이 과연 행복할까? 부모는 자녀가 그런 안정적인 삶을 살기를 원할지도 모르지만, 아이들도 과연 그럴까? 사실 부모는 자녀가 주도적인 삶을 살기를 원하기도 하지만 그 삶의 테두리는 안정적이기를 바라는 양면성을 가지고 있다. 나 또한 그렇다. 하지만 현실적으로 그런 삶을 사는 것은 쉬운 일이 아니다. 그렇다면 내 아이가 과연 어떤 삶을 살 것인가? 내 아이의 행복한 삶을 위해 나는 지금 무엇을 준비해야 하나? 시대는 변화하고 있는데 그 변화를 온몸으로 거부하는 것이 가능한가? 아니면 그 변화의 뒤꽁무니를 계속 좇아가는 것이 답인가?

트루먼이 거대한 세트장의 문을 열고 나왔을 때 30년 동안 트루먼의 쇼를 보던 시청자가 모두 눈물을 적시면서 박수를 보냈다. 그들은 트루먼의 쇼가 자신의 삶에 위안과 재미를 가져다줬지만 한편으로는 그의 진정한 자유를 원하고 갈망하고 있었던 것이다. 그리고 그가 내딛는 자유의 발걸음을 응원하고 지지한다. 우리 아이들도 그렇다. 아이들은 지속적으로 자신의 세계를 만들어갈 것이다. 그게 당연하고 자연스럽다. 부모가 할 일은 그들이 자신감 있게 변화된 세상에 문을 열 수 있도록 박수쳐주는 것뿐이다.

아이와 함께 미래를 준비하는 아빠가 되자

한참 초등학생 사이에서 코딩 열풍이 불었다. 코딩학원이 여기저기 성행하고 당시 고등학생인 큰아이조차 '초등학생과 같이 코딩학원이라도 다녀야 하나?'라는 생각이 들 정도였다. 지금은 그 열풍이 많이 식었지만, 생각해보면 그동안 이러한 열풍은 단순히 코딩뿐만이 아니었다. 논술학원, 스피치학원, 면접학원 등 대학 입시에 필요하다고 하면 어렸을 때부터 자신이 하고자 하는 직업이나 꿈이 아니라 하더라도 미리 배워두는 열풍 말이다. 이는 모두 미래에 대한 불안감 때문이다.

경험해보지 못했기 때문에 미래에 대해 불안한 마음을 갖는 건 어쩌면 당연하다. 하지만 부모의 불안감 때문에 아이가 힘들어하거나 불행해한다면 그것이야말로 불안의 늪으로 같이 손잡고 들어가는 일이다. 불안의 늪에선 미래에 대한 불안 때문에 더

채우고, 더 배우고, 더 노력하면 할수록 아래로 가라앉는다. 더 마음 아픈 것은 아이도 그 늪을 당연하게 받아들인다는 것이다. 원하지 않더라도 그것 외에는 다른 대안이 없으니 멈추지 못한다. 겨우 초등학생인데 유명 수학학원에 들어가고, 진도를 따라가기 위해서 또 집에서 과외를 하고, 새벽 2시까지 숙제를 하면서도 다른 아이들은 더 공부한다며 어쩔 수 없다고 말한다는 이야기를 들었다. 하지만 나는 이건 자식에 대한 사랑이 아니라 폭력이라는 생각이 들었다. "어떻게 그럴 수 있냐? 그게 말이 돼?"라며 놀라워하는 나에게 조카는 씁쓸한 표정으로 "이모! 그건 약과야"라고 말했다. 이후 조카의 덧붙이는 말이 나를 더 씁쓸하게 했다. "그래서 난 애를 안 낳으려고."

부모가 자식을 걱정하고 자식의 미래에 대해 불안한 마음을 갖는 것은 어쩌면 당연한 일일지도 모른다. 80세 노모도 60세 자식이 늘 걱정이고 염려된다고 하지 않나? 하지만 미래에 대한 불안과 걱정 때문에 현재를 포기한다면 어떨까? 우리가 그런 삶을 살았다고 다음 세대 아이들에게도 그런 삶을 강요하지는 않아야겠다. 그리고 불안과 걱정은 자녀의 미래를 함께 디자인하는 데 그다지 효과적인 방법이 아니다. 오히려 아이들과 함께 '불안한 미래'를 '가능성의 미래'로 바꾸는 연습이 필요하다.

우리의 미래가 불안한 이유는 지속해서 내가 경험한 과거가 나의 미래, 자녀의 미래를 발목 잡고 있기 때문이다. "내가 해봤더니 어쨌더라", "누가 그렇게 했더니 어쨌더라" 하고 말이다. 사실 그때는 그럴 수 있고 지금은 아니 우리의 미래에는 그렇지 않을 수 있다. 부모가 겪은 과거의 상황과 경험이 우리 아이들에게 더는 부정적인 영향을 줄 필요는 없다. 우리 세대에서 그 영향을 끊으면 된다.

그렇다고 부모가 겪은 과거의 경험을 모두 무시하라는 말은 아니다. 다만 그것이 우리의 미래에 이미 와 있어서 새로운 것을 꿈꾸는 데 방해가 되지 않아야 한다는 말이다. "게이머가 되고 싶다", "댄서가 되겠다", "대학은 안 가겠다" 등 아이들의 수많은 미래의 청사진에 우리가 제동 거는 단 하나의 잣대는 무엇이었나? "게임으로 먹고 살 수 있어?", "춤만 잘 추면 성공할 수 있나?", "그래도 대학은 나와야지" 등 과거의 잣대를 아직도 우리 아이들에게 겨누고 있다.

아이들과 함께 연습하자. 과거의 어떤 경험과 사건이 자꾸 나의 미래에 파고들지 않도록 말이다. 그렇게 하기 위해서는 텅 비어 있는 미래를 내가, 우리가 '창조'하면 된다. 그것이 준비이고, 새로운 디자인의 시작이다.

MBTI보다 재미있는
부모 양육 태도 진단

양육 태도도 진단할 수 있다

요즘 젊은 세대를 중심으로 자신의 성격을 파악하는 MBTI가 유행이다. 인터넷으로 쉽게 간이 검사를 할 수 있어서 그런지 열여섯 가지 성격 유형을 기준으로 자신과 상대의 행동 유형을 파악하기도 한다. 그 밖에도 에니어그램, DISC, 에고그램 등 사람의 심리와 행동의 유형을 진단하는 도구는 많다. 그런 도구를 사용해서 강의를 개설하면 다른 강의보다는 수강생도 많고 관심도 많다.

사람들이 자신을 진단하고 그 해석에 관심을 갖는 이유는 뭘까? 아무래도 자신과 상대에 대한 관심, 나아가서 더 나은 관계에 대한 관심 때문이라고 본다. 좀 다른 진단이긴 하지만 부모의 역할, 부모지수 진단 등 부모·자녀 관계에 대한 진단도 꽤 있다. 그 중에서 부모 교육 시 주로 사용하는 진단은 '부모 양육 태도' 진단이다. 이 진단은 취학 전 아이의 부모에게 더 잘 들어맞는다. 물론 아이들이 다 컸어도 진단해봄직하다. 내가 어떤 양육 태도 또는 관점을 가지고 자녀를 키워왔는지 점검하는 시간이 될 것이다.

이 진단을 하기 전에 알아두어야 할 것이 있다. 첫째, 공신력 있는 기관에서 만든 진단이 아니라는 점이다. 신뢰수준이 그렇게 높지 않다. 부모 교육 전공자가 강의 때 필요해서 만든 진단지다. 둘째, 모든 진단이 그렇듯이 맹신하면 안 된다. 이건 모든 진단에 적용된다. 결과를 그저 자신을 뒤돌아보는 참고로만 생각하면 된다. 셋째, 솔직하게 답하는 것이 중요하다. 진단을 강의 때 사용하다 보면, 많은 사람들이 '지금의 나'가 아니라 '되고 싶은 나'를 선택할 때가 종종 있다. 즉, 이상적인 나를 진정한 나라고 착각할 수 있다는 것이다. 있는 그대로 자신의 생각을 솔직하게 체크하는 것이 무엇보다 중요하다. 결과가 어찌 되었든 자신만 알고 있는 결과이기에 모든 진단에서 솔직함은 진단의 신뢰를 높이는 필수 조건이다.

양육 태도 진단하는 방법

이 진단지는 20문항으로 이루어져 있다. 한 문항당 A와 B로 나눈 두 개의 질문이 있고, 문항의 척도는 0~5까지이다. 이 진단지의 핵심은 B 문항은 읽지 않고, A 문항만 읽고 점수를 준다는 것이다. 척도를 구체적으로 보면 '전혀 그렇지 않다'는 0점을, '매우 그렇다'는 5점을 준다. A 문항을 먼저 읽고 0~5점 중 본인이 생각하는 점수를 준 후, B 점수란에는 '5 - A = B'를 주면 된다. 즉, A 문항과 B 문항의 점수를 더했을 때 5점이 되면 된다.

그렇게 모든 점수를 부여한 후에는 A 점수 합계와 B 점수 합계를 계산해 전체 합계 점수가 100이 되면 정확한 진단이 끝난다. 그리고 점수에 따라 진단 결과지에 A 점수와 B 점수를 체크해 그래프를 그리면 최종 답안지가 작성된다. 답변지 척도를 이렇게 만든 이유는 결과를 보고 해석할 때 합계 점수보다는 그래프의 모양이 중요하기 때문이다.

부모 양육 태도 진단지

1	A	부모로서 나는 자녀를 통제하고 감독해야 한다고 생각한다.	
	B	나는 자녀가 스스로 결정할 수 있다고 믿는다.	
2	A	부모로서 나는 자녀보다 우월하다고 생각한다.	
	B	자녀는 나와 동등한 인격체이다.	
3	A	자녀는 부모에게 빚졌다.	
	B	나는 상호 존중을 믿는다.	
4	A	나는 부모니까 완전해야 한다고 생각한다.	
	B	내가 불완전한 것은 당연하다.	
5	A	자녀가 나보다 더 중요하다.	
	B	나 자신을 포함한 모든 사람이 중요하다고 믿는다.	

6	A	어떤 결정을 할 때, 때때로 자녀에게 복종을 요구한다.	
	B	자녀 스스로 선택하게 하는 편이다.	
7	A	자녀의 행동에 보상과 벌을 주는 것은 당연하다.	
	B	자녀의 행동을 격려한다.	
8	A	나는 자녀를 과잉보호하는 편이다.	
	B	자녀의 독립성을 격려한다.	
9	A	부모로서 자녀를 끝까지 책임져야 한다고 생각한다.	
	B	자녀를 믿고 존중하며 독립된 인격체임을 인식한다.	
10	A	자녀의 행동에 때때로 조건을 붙인다.	
	B	자녀가 문제를 해결하지 못했을 때 죄의식을 갖지 않게 한다.	
11	A	자녀가 잘못한 행동을 했을 때는 즉시 지적한다.	
	B	자녀가 가족에게 공헌하기를 기대하고 인내한다.	
12	A	자녀가 부족함이 없는지 찾는 것이 쉽다.	
	B	현실적인 기준을 정하고 행동하게 한다.	
13	A	다른 사람이 나와 자녀를 어떻게 생각할지에 대해 신경이 쓰인다.	
	B	보여지는 이미지보다는 지금 나타나는 문제에 집중한다.	
14	A	부모로서 자녀의 요구를 들어주고 양보한다.	
	B	자녀에게 시중들지 않는다.	
15	A	지나치게 자녀에게 몰두하는 편이다.	
	B	자녀는 독립된 인격체임을 항상 인식한다.	
16	A	어떤 결정을 할 때 경험 많은 부모의 선택이 옳다고 생각한다.	
	B	자녀가 스스로 결정할 수 있도록 격려한다.	
17	A	부모는 자녀의 잘못을 바로잡아야 한다고 늘 생각한다.	
	B	자녀의 잘못만 보지 않으려고 노력한다.	
18	A	자녀의 잘못에 즉각적으로 반응하고 감정을 표현하는 편이다.	
	B	자녀 스스로 깨닫고 고칠 수 있을 거란 믿음이 있다.	
19	A	자녀에게 실수하는 모습을 보이지 않으려고 항상 노력한다.	
	B	부모도 자녀와 함께 성장하고 있다고 여긴다.	
20	A	부모는 자녀가 최대한 시행착오를 겪지 않도록 노력해야 한다.	
	B	자녀의 실수와 실패는 또 다른 성장의 기회라 믿는다.	

진단 결과지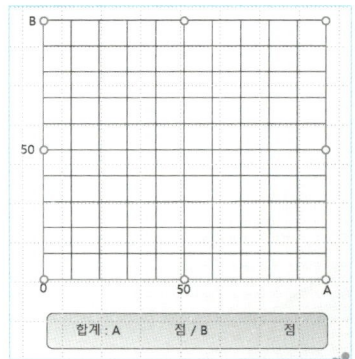

진단 결과지 예시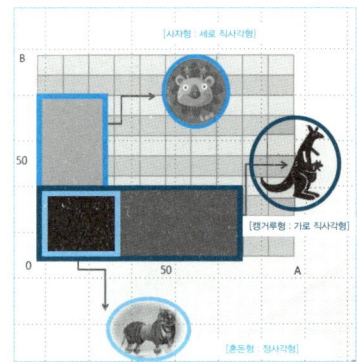

양육 태도 진단 결과 설명

위를 보면 진단 결과지가 있고, 그 옆에 예시가 나와 있다. 진단 결과지에 A 점수는 가로축에, B 점수는 세로축에 표시한 후 각 꼭짓점을 연결하면 사각형의 모양이 나온다. A 점수가 크면 세로로 향한 누워 있는 직사각형이 그려지고, B 점수가 크면 가로로 향한 서있는 직사각형이 그려진다. 만약 A 점수와 B 점수가 비슷하다면 정사각형과 비슷한 모양의 사각형이 그려질 것이다. 각 진단 결과에 따른 내용은 다음과 같다.

1. 사자형 : 세로 직사각형

사자형 부모는 자녀를 믿고 존중하며, 자녀에 대한 기대와 기준이 현실적이다. 평상시 자녀를 격려하는 것이 중요하고 자녀에게 한계 속에서 자율성을 주는 유형이다. 또한 타인의 평가에 얽매이기보다는 현재 자녀와의 관계에 집중하는 편이다. 사자형 부모 밑에서 자란 아이는 자율성과 책임감, 도전의식을 배울 수 있고 타인을 존중할 줄 알며 결국 사회적 관계 형성이 자유롭다.

2. 캥거루형 : 가로 직사각형

캥거루형 부모는 자녀를 과도하게 책임져야 한다는 생각에 자신이 옳고 자녀는 옳은 자신을 따라야 하기에 부모에게 복종(말 잘 듣는 아이)하기를 요구한다. 다른 사람의 평가와 시선에 집착하다 보니 모든 것에 완전함을 본인과 자녀에게 요구한다. 또한 부모 자신보다는 자녀에게 지나치게 몰두하는 경향이 있다. 캥거루형 부모 밑에서 자란 아이는 타율적이고 부모가 베풀어주기만을 원한다. 권위적인 부모 아래서 분노의 감정이 자라고 자신이 스스로 할 수 있는 영역이 없기 때문에 좌절감을 경험한다. 사회적 관계 형성이 어렵다.

3. 혼동형 : 정사각형

혼동형 부모는 두 가지 경우로 나뉜다. 자녀가 어렸을 때는 캥거루형이었다가 사춘기 이후부터 사자형의 양육 태도를 보인 유형과 상황에 따라 사자형과 캥거루형의 카드를 꺼내는 유형이다. 혼동형의 부모 밑에서 자란 아이는, 혼란스러움을 경험하게 되고 부모의 눈치를 보게 된다. 집중력이 떨어지고 지속적인 혼란과 불안은 감정 조절을 어렵게 해 문제가 될 수 있다.

양육 태도를 진단하고 활용해야 하는 이유

앞서 언급했듯이 진단 결과를 그저 참고로만 사용한다. 자신이 사자형이라고 자만할 필요도, 캥거루형이라고 자책할 필요도, 마지막으로 혼동형이라고 혼란스러울 필요도 없다. 너무 극단적이지 않다면 내가 부족한 부분이 무엇인지만 확인하는 용도로 활용하면 좋겠다. 또한 아내와 남편 모두가 캥거루 유형이거나 혼동형이라면 잠시 시간을 내서 우리 부부가 자녀를 키우는데 어떤 관점을 갖고, 어떤 가치관을 가지고 있는지 점검하는 것이 필요하다.

부모 모두가 자녀를 캥거루처럼 주머니에 넣고 키우는 것이 과연 효과적일지도 대화를 나눠본다. 몇 년 전 라디오를 듣다가 흥미로운 사연을 들었다. 미국에서 대학을 다니는 아들이 매일 저녁 엄마에게 전화를 한다는 것이었다. 물론 그 아들은 매일 아침이었다. 엄마가 잠들기 전에 굿나잇 인사를 하는 줄 알았는데 반전이었다. 아들은 매일 아침(그 엄마는 매일 저녁) 엄마에게 묻는다. "엄마, 나 머리를 감고 나갈까?", "그냥 모자 쓰고 나갈까?", "오늘 날씨에 그냥 걸어갈까?", "자전거를 타고 갈까?" 등 말이다.

라디오 사연을 말하는 엄마는 귀찮지만 그래도 이렇게 다 커서도 엄마를 찾는 자상한 아들이 있다며 자랑하듯 말하는데 사실 충격이었다.

물론 당사자의 속 깊은 사연을 자세히는 알지 못하고, 다른 이유가 있을 수 있다. 하지만 다 커서도 뭘 하든 엄마를 찾는 자녀는 아마도 어렸을 때부터 그게 익숙했을 거다. 강의할 때 가끔 학습자들에게 묻는다. "딸 있으신 분? 이런 사위 어때요?" 반응은 짐작한 그대로다.

3장 [파트너십]

자녀 교육에는 부부 파트너십이 필요하다

아내는 아이의 미래를 설계할 최고의 파트너다

도어록 앞에서 아빠의 선택은?

도어록 버튼 앞에서도 화난 아내의 목소리가 들린다. "엄마가 한 번만 더 그러면 정말 혼난다고 했지? 엄마 말이 말 같지 않아? 이런 거 다 필요 없어." 종이를 찢는 소리가 들린다. 아이의 울음소리도 함께 커진다. 남편은 잠시 생각한다. '아직 도어록 버튼을 안 눌렀으니 다시 1층으로 내려갈까? 아니다, 계속 이렇게 피하는 것만이 답은 아니지. 들어가보자. 들어가서 뭐라고 할까? 그만하라고 화를 낼까? 모르는 척하고 안방으로 들어갈까? 아이, 왜 하필 내가 집에 올 때 애를 잡는 거야?'

몇 년 전 아버지 교육 중에 "언제 집에 들어가기 싫은가?" 하는 질문을 한 적이 있다. 현관문 밖에서 아이가 혼나는 소리를 들을 때, 문을 열고 들어갔는데 아내가 먼저 퇴근해서 아내의 신발이 놓여 있을 때 등의 대답이 나왔다. 심지어 "언제나"라는 대답이 나와서 함께 있었던 학습자 모두 웃었던 기억이 난다.

사실 집에 들어가는 것이 부담스럽다고 해서 꼭 부부관계가 나쁘다는 것은 아니다. 다양한 이유가 있겠지만 아마도 남편들이 집을 '편안한 공간'으로 생각하지 않기 때문일 것이다. 아이가 어렸을 때는 육아를 함께해야 하는 어려움 때문에, 아이가 크면 아내와 자녀의 갈등 상황에서 어떻게 행동해야 할지 모르는 어려움 때문에 집이라는 공간으로 선뜻 들어가고 싶지 않은 것이다. 사실 도어록 앞에 서 있던 아빠의 선택이 어떤 것이든 상황에 따라 효과적일 수도, 그렇지 않을 수도 있다. 그동안 아내와 자녀의 갈등에 적극적으로 개입하는 것이 효과적이었다면 들어가서 상황을 수습하고 갈등을 해결하는 것이 필요하다. 만약 그동안 어쭙잖게 개입했다가 상황이 더 악화되었다면 잠시 자리를 피하는 것도 하나의 방법일 수 있다.

아내와 합의하고 조율의 과정을 거치고 완벽하지는 않겠지만 부부 나름대로 자녀 교육의 원칙을 정해야 한다. 왜냐하면 아이들이 가장 혼란스러울 때가 엄마와 아빠의 훈육 방식, 교육 방식의 차이를 경험할 때이기 때문이다. 아빠는 괜찮다고 하는데 엄마는 화를 내는 상황, 엄마는 안 된다고 하는데 아빠는 허용하는 상황에 직면하면 아이들은 혼란스럽다. 소위 말하는 '어느 장단에 춤을 춰야 할지' 모르기 때문이다. 이런 상황이 계속된다면 이제 아이들은 선택한다. 자신의 생존과 편안한 생활을 위해서 하는 선택이다. 엄마가 더 좋고 아빠가 덜 좋고의 문제가 아니다. 쉽게 말해 말을 들을 사람을 선택하고 선택받지 못한 사람을 무시하기 마련이다. 결국 이 모든 것이 아이들에게 좋은 영향은 아니다. 특히 자녀를 훈육할 때는 부부간의 통일성이 필요하다.

객관적으로 보기, 가볍게 접근하기

도어록 앞에 선 아빠의 선택은 어떤 것이었을까? 그 아빠는 세 번째 선택지를 택했다. 즉 간단하게 아는 척만 하고 안방으로 들어가 상황이 끝나기만을 기다렸다. 그렇게 한 이유는 아내의 감정이 격해져 있을 테니 괜히 알지도 못하면서 끼어들었다가 상황이 더 안 좋아질 것 같아서다. 아마 예전에 그런 경험이 있었을 것이고 그 경험이 그런 행동을 결정하게끔 했을 것이다.

아내가 자녀를 혼내고 있을 때(또는 반대의 경우도 마찬가지다) 제삼자(직접적으로 아이를 혼내고 있지 않은 배우자)는 그 상황을 좀 더 객관적으로 바라볼 필요가 있다. 왜냐하면 당사자(혼내는 사람, 자녀)는 자신의 감정에 빠져 있어서 객관적으로 볼 수 있는 상황이 아니기 때문이다. 여기서 객관적으로 본다는 의미는 누구의 잘잘못을 따지는 것이 아니다. 상황을 객관적으로 보는 것이지, 심판자의 역할을 하라는 것은 아니다. 혹시 이런 말을 한 적이 있는가? "내가 볼 때는 이게 잘못이야. 당신 그 말 지금 상황하고 상관없는 말이잖아?" 이와 비슷한 말을 한 번이라도 한 적이 있다면 당신은 가정의 '판사'가 아니라는 점을 말해주고 싶다. 객관적으로 보라는 의미는 당사자가 감정이 격해져서 놓칠 수 있는 부분을 잘 잡아내고 그 이후에 대화할 때 그 부분을 참고해서 대화를 이어 나가라는 뜻이다.

객관적으로 바라본 후에는 조금 가볍게 접근하는 것이 필요하다. 여기서 아빠까지 심각하거나 무거우면 상황이 더 심각해질 수 있다. 그렇다고 해서 상황을 가볍게 여기고 아무것도 아닌 것처럼 여기라는 뜻은 아니다. "뭘 그딴 거 가지고 애를 혼내? 별거 아니야. 다른 애들은 더해"와 같이 엄마의 훈육을 가볍게 취급하는 대화는 상황을 더 악화시킬 뿐이다. 잘못된 접근법 때문에 상대에게 "알지도 못하면서 끼어들지 마!" 하는 말을 들을 수도 있다. 객관적으로 보기, 가볍게 접근하기가 어렵다면 이 상황이 좀 누그러질 때까지 기다리는 것을 추천한다.

비난은 문제 행동을 강화시킨다

아내와 자녀의 갈등 상황에서 어떤 행동을 선택하느냐보다 더 중요한 것은 그 이후 아빠로서, 남편으로서의 행동이다. 먼저, 아내와는 어떤 대화를 이어가야 할까?

부부 교육에서 상대에게 가장 바라는 점을 쓴 적이 있다. 적지 않은 수의 남편들이 아내에게 '아이들을 좀 내버려뒀으면 한다'라는 답을 했다. 그런 답을 한 남편들은 아내가 아이들을 속된 말로 '들들 볶는다'고 생각하는 것 같다. 그 답을 리스트업해서 워킹맘 교육에서 보여준 적이 있었다. 화면을 보자마자 반응이 뜨거웠다. "뭘, 가만히 있으면 중간이나 간다. 말만 그렇게 하고 정작 자기 아이 공부 못하면 다 엄마 탓이라고 할 거면서" 등의 폭발적인 반응에 다음 주제로 이어갈 수 없을 정도로 시간을 할애했다.

남편만 아내를 비난하는 것은 아니다. 개인적인 모임에 가든 공식적인 모임에 가든 어쩌면 그렇게 약속이나 한 듯 자신의 남편 행동을 비난하는 말을 쏟아내는지…. 사실 잘 관찰해보면 남편 흉을 보는 사람의 이야기를 듣고 있는 사람은 별로 없다. 상대는 그 말을 듣지도 않고 또 자신의 남편을 비난한다. 어찌 보면 자신의 배우자 비난하기 배틀에 와 있는 듯한 착각이 들 때도 있다. 상대가 자신이 원하지 않는 행동을 계속하는 것을 멈추길 원한다면 비난을 멈춰보자. 비난은 지금의 행동을 강화시킨다. 아내와의 대화에서 남편이 굳이 친절하게 아내의 잘못된 행동을 말하지 않아도 아내는 자신이 한 행동을 벌써 후회한다. 아니, 후회하지 않는다고 하더라도 문제점이 있다는 것을 인지한다. 엄마니까 당연하다. 그런데 그걸 남편의 입에서 듣는다면 이야기가 달라진다. 후회나 반성, 또는 연민, 미안함 등은 사라지고 스스로를 합리화하거나 후회와 반성이 화 또는 분노로 바뀔 것이다.

"내가 왜 이렇게까지 하는지 당신은 알아? 하긴 당신이 나나 애들에게 관심이 있기는 했어?" 어찌어찌 이 상황이 해결되었다고 하더라도 다음에는 다시 비슷한 상황이 생길 것이고 그때 또 당신은 선택해야 할 것이다. '다시 1층으로 내려갈까? 들어가서 화를 낼까? 쥐 죽은 듯이 들어갈까?' 내가 원하지 않는 상황이 반복된다면 내가 먼저 그 반복을 끊어야 한다. 상대를 비난하는 말은 상대의 문제 행동을 강화시키고 무뎌지게 한다.

'왜'라고 묻지 마라

아이와 대화하기로 마음먹었다면 상황이 어찌 되었든 아이의 감정 상태를 살피는 것이 가장 중요하다. 이때는 아이의 행동보다는 감정에 집중한다. 아이가 놀랐거나 마음 아팠거나 속상했거나 등 자녀가 그때 경험한 감정을 다뤄야 그 상황이 완결될 수 있다. 그때 가장 하지 말아야 하는 말이 있다. "왜 그랬어, 왜?"

'왜'라고 묻지 말자. 그건 정말 아이의 행동에만 집중하게 되는 함정에 빠지게 한다. 아이 행동의 잘잘못을 따지게 되면 앞서 언급한 것처럼 다시 심판자로 돌아가게 된다. 평가와 판단은 상대로 하여금 행동의 변화를 일으킬 수 없다. 학습지 해답을 왜 베꼈는지 물으면 자녀가 어떤 대답을 할 것이라 예상하는가? 대부분 안 그랬다고 또다시 거짓말을 하거나 혼날까 봐 그랬다고 할 것이다. 예상하는 대답을 다시 듣거나 예상치 않은 대답을 듣는 것 대신에 엄마한테 혼날 때 기분이 어땠는지, 앞으로 어떻게 할 건지, 또다시 이렇게 안 하려면 아빠가 뭘 도와줬으면 하는지를 묻는 게 오히려 아이들의 마음을 안정시킬 수 있다.

반대로 아이 편을 든다고 "왜 그랬어. 그만 뚝. 엄마는 별것도 아닌 걸 가지고 우리 OO이를 혼내더라. 아빠가 엄마 혼내줄게. 괜찮지? 이제 마음 풀어"처럼 아이에게 자신을 혼낸 엄마를 비난하면 이제 엄마의 말은 자녀에게 더 이상 먹히지 않을 것이고 부부 사이에는 말할 것도 없이 균열이 갈 것이다.

다시 도어록 앞으로 돌아가보자

아내는 나의 선생도 아니고 상사도 아니다. 심지어 돌봐줘야 할 상대도 아니다. 아내는 나와 긴 인생을 함께하는 파트너. 동지인 셈이다. 내 아이가 멋지고, 아름답고, 안전한 세상에서 행복하게 살아갈 수 있도록 함께 노력하는 사람이다. 엄마와 아빠의 역할을 똑같이 반으로 나누라는 말도 아니고 여성과 남성의 특성을 무시하고 뭐든 반반으로 하라는 말도 아니다. 그저 파트너다. 다만 지속적으로 오랜 시간 서로를 맞춰가는 파트너다. 특히 자녀의 양육, 교육, 결혼 등에서 공동의 가치관을 형성해가는 파트너다.

다시 도어록 앞에 서 있는 아빠로 돌아가보자. 당신이 집에 들어가 화가 나 있는 아내와 울고 있는 아이에게 화를 내지 않은 것만으로도 박수 받을 만하다. 상황이 정리되기까지 말없이 기다려줬다면 더더욱 그렇다. 속상한 아내를 안방으로 보내고 울고 있는 아이를 아이 방으로 분리하고(혹시 물리적으로 가능하지 않다면 아이를 안아서 분리) 아이를 진정시킨다. 위에서 언급한 것처럼 아이를 달래고 들어주고 만약 아이가 엄마에게 사과한다고 하면 지지해준다. 아내와도 마찬가지다. 아내가 그렇게까지 행동할 때는 이유가 있다고 생각해본다. 그리고 아내에게 말한다. "많이 속상했겠다. 내가 뭘 해줄까?"

아마 이 글을 읽으면서 자연스럽게 "왜 나만? 언제까지 그래야 해?"라는 질문이 나올지도 모르겠다. 정말 많은 사람들이 묻는 질문이다. 그럼 내가 되묻고 싶다. "누가 하면 좋을까?" 언제까지 들어줘야 할지 묻는다면 상대가 됐다고 할 때까지 들어보라고 답하고 싶다. 왜냐하면, 아내는 내 아이의 미래를 함께 설계할 최고의 파트너이기 때문이다.

육아와 교육,
아내와 따로 또 같이

아빠는 뭘 했을까?

어느 날 TV를 시청하다가 눈에 띄는 장면이 있었다. 중학생 딸과 초등학생 아들이 서로 엄마 옆에서 자려고 싸우다가 결국 눈물바다가 된 장면이었다. 좀 더 시청해 보니 사춘기 딸과 엄마의 갈등을 다루고 있었고, 스튜디오에는 그 부모가 나와서 전문가의 코칭을 받고 있었다. 내가 본 TV 프로그램은 요즘 '갓은영'으로 불리는 오은영 박사가 진행하는 〈요즘 육아 금쪽같은 내 새끼〉였다.

〈요즘 육아 금쪽같은 내 새끼〉는 매회 자녀 문제 행동의 사례를 가지고 온 부모를 전문가가 코칭하는 프로그램으로, 육아와 교육에 어려움을 겪고 있는 사람들에게 도움이 될 만한 팁이나 솔루션을 제공하고 있어서 큰 반향을 일으키고 있다. 나 역시도 관심을 갖고 여러 번 찾아서 본 적이 있는데, 모든 회차를 본 것은 아니지만 항상 궁금했다. 엄마와 자녀의 갈등이 있을 때, 대체 아빠는 뭘 하고 있는 걸까?

물론 편집의 한계일 수 있지만 아빠의 역할이 그다지 보이지 않았다. 아빠와 갈등이 있는 회차도 마찬가지다. 대부분 갈등이 있는 부모 중에 한 명은 그 갈등을 고스란히 겪고 있는데, 다른 한 명은 관찰자나 회피자 또는 갈등에 기름을 붓는 참여자로 자리매김을 하고 있다. 대부분 후자는 아빠인 경우가 많은데 이유를 들어보면 다양하다. '아내를 믿어서, 아내가 더 잘 해결할 테니, 내가 괜히 나서서 더 안 좋은 상황이 될까 봐' 등의 이유다. 물론 정말 합당한 이유일 수 있다. 하지만 그건 상대에게 물어봐야 한다. 상대는 그렇게 생각하지 않을 수 있다. 도움이 더 필요하고, 함께 이 어려운 상황을 헤쳐 나가길 바라고, 누구라도 손잡아주길 기다리고 있을 수 있다. 아니면 조금 기다려주길 바랄 수도 있다. 결론적으로 부부가 얼마나 오랜 시간 살았든지 상대의 마음을 물어보기 전에는 정확하게 알지 못한다는 것이다.

"내 아내는 이럴 것이다"는 사실 착각이다. "꼭 말을 해야 아냐?"는 불필요한 대화다. 당연히 말을 해야 안다. 부부가 일심동체라고 해서 상대의 마음을 꿰뚫는 관심법의 소유자는 아니지 않는가?

종종 보게 되는 '탓하는 아빠' 현상

요즘 시대에 아빠의 역할이 중요해지고 있지만 '탓하는 아빠' 현상을 종종 보게 된다. 아이가 어렸을 때는 방관자, 회피자로 있다가 아이가 성장하면서 보여지는 탐탁지 않은 행동들을 누구의 탓, 특히 아내의 탓으로 돌리는 것이다. 아이가 입시에 떨어지면 일한다고 아이를 방치했다며 아내를 탓하고, 아이가 버릇이 없으면 너무 받아주면서 키웠다며 또 아내를 탓하며, 심지어는 아이가 수학 문제를 못 풀면 문과를 나온 아내를 닮아서 그렇다며 탓하기 끝판왕의 모습을 보여주기도 한다. 꼭 남편이 아내를 탓하는 것만은 아니라 아내도 남편을 끊임없이 탓하고 있을 수 있다. 사실 상대를 탓하는 대화는 누구에게도 아무런 실익이 없으며 문제 해결의 가능성도 없다. 누구나 알다시피 탓하는 대화는 상대를 화나게 만들 뿐이다. 그럼에도 불구하고 이렇게 상대를 화나게 만드는 대화를 지속적으로 하고 있는 이유는 뭘까?

일부러 그런 말을 한다기보다는 본인의 책임을 회피하거나 상대에게 미루고자 하는 마음이 크기 때문일 것이다. "아이는 엄마가 더 잘 케어할 수 있는 거 아냐?", "밖에서 일하는 사람이 집안일까지 신경 써야 해?", "좀 알아서 해주면 안 돼?" 하며 나 말고 다른 사람이 더 잘 거라고, 내가 할 수 있는 건 여기까지라고 믿고 싶은 것이다. 엄마가 더 잘한다는 편견, 집안일은 하찮다는 편견, 옛날 아버지 세대에 비하면 난 이 정도면 충분하다는 자만은 이제 좀 내려놓을 때가 되었다.

사실 21세기를 살고 있으면서 과거 세대와 자신을 비교한다는 것 자체가 억지스러울 수 있다. 과정을 함께하지 않았다면 결과도 공유 받지 말아야 한다. 물론 자녀를 키우는 데 있어서 엄마와 아빠의 노력이 50:50으로 나눠져야 한다는 말은 아니다. 시간과 노력을 누가 더 했는지가 중요하기보다는 그것을 서로 용인하고 동의하면서 양육했느냐가 중요하다. 만약 자녀의 성장 과정을 함께하지 않으면서 결과에 대해서만 평가하고 비교하고 심지어 상대를 탓하고 있었다면 이제 자신에게 그 질문을 해봐야 한다. '아이가 이렇게 될 때까지 난 뭘 했나?'

라떼는 카페에서나 찾자

자녀에게 관심을 갖기 시작하면서 점점 사용하는 빈도수가 많아진 말이 있다. 한때 유행했던 "라떼는 말이야"다. 꼰대는 은어로 늙은이나 선생님을 이르는 말이나 근래에는 자기의 구태의연한 사고방식을 타인에게 강요하는 이른바 '꼰대질'을 하는 직장 상사나 선배들을 아우르는 표현으로 확대되었다.

그러나 엄연히 꼰대의 태생은 아빠라는 것을 볼 수 있다. 그도 그럴 것이 청소년기 자녀는 아빠의 말 한마디가 그저 옛날을 그리워해서 향수병에 걸린 사람이 하는 말로 여겨지기 때문이다. "내가 학교 다닐 때는", "나 때는 이런 거 없어도" 하며 하도 나 때를 그리워하니 '아빠는 그때로 돌아가고 싶은 걸까?' 하는 의문이 들기도 한다. 물론 그때에는 학원을 안 다녀도, 학교 수업만 제대로 들어도, 선생님 말씀만 잘 들어도 원하는 성적을 낼 수 있는 환경이었을 수 있다. 물론 그때는 형제자매가 많아서 가정에서 부모에게 충분한 지원을 못 받아도 제 할 일 잘하고 모나지 않게 컸을 수 있다.

하지만 요즘 아이들은 다르다. 아이들이 다른 세상을 살고 싶어서가 아니라 우리가 그렇게 만들었다. 한 자녀, 많으면 두 명의 자녀를 키우니까 아이들에게 온 힘을 다해 키울 수 있게 되었고, 그로 인해 부모 세대가 아이들을 학업 경쟁으로 내몰았다. 지금 아이들의 환경은 모두 부모 세대가 만들어놓은 것이다. 환경을 그렇게 만들어놓고 예전에는 안 그랬는데 요즘 아이들은 절실함이 없느니, 정신력이 약하느니, 부족함을 모르느니 하는 것은 어불성설이 아닐까? 이러한 대화는 아이들에게 그저 과거로 못 돌아가서 안달이 난 불치병에 걸린 사람의 넋두리로 들린다.

지금 우리가 관심 가져야 할 건 아이가 학원을 몇 개 다니는지, 아이가 돈을 얼마나 쓰고 있는지, 아이가 지금 누리고 있는 혜택을 고마워하고 있는지가 아니라 아이가 정말 학원은 다니고 싶어 하는지, 아이 스스로 할 수 있는데 부모가 가로막고 있는 건 없는지, 아이가 앞으로 어떤 삶을 살고 싶어 하는지다. 맛있는 라떼는 카페에서나 찾자.

책임은 100% 아니면 0%다

가족 교육을 할 때 가끔 학습자에게 도전이 되는 질문을 한다. 이 질문이 도전이 되는 이유는 질문에 정답이 없는데 정답이 있다고 믿기 때문이다. 학습자가 아빠든 엄마든 아니면 자녀가 없는 가족이든 상관없이 이 질문을 참 어려워한다. 본 질문을 하기 위해서는 먼저 사전 질문이 필요하다. "가정을 어떤 공간으로 만들고 싶은가?"

먼저 여기서 말하는 공간은 물리적 공간이 아님을 주지시킨다. '카페처럼, 독서실처럼' 등 물리적인 것이 아니라 '행복한, 즐거운, 웃음이 있는, 대화가 끊이지 않는' 등 형용사로 표현되는 공간임을 상기시킨다. 대부분 답은 비슷하다. 지금보다는 대화를 더 하고 싶은 사람들은 대화에, 집이 차갑다고 느껴졌다면 따뜻함에, 지나치게 조용하다고 경험된다면 웃음소리에 한 표씩을 던진다.

이제 정말 도전적이고 본격적인 질문이 시작된다. "여러분이 말한 모든 것이 이루어지는 가정을 만들기 위해서는 누구에게 책임이 있는가? 조금 어려울 수 있지만 가족 구성원대로 퍼센트로 표현해달라"이다. 대부분 아내와 남편을 50:50으로 나누며, 또는 아이들도 가족 구성원이기 때문에 아이들도 그 책임의 퍼센트에 넣기도 한다. 남자 학습자들은 아내와 남편을 49:51로 대답해서 학습자들이 웃기도 하고, 때때로 자신에게 100% 책임이 있다고 대답한 남성 학습자가 박수를 받기도 한다.

한바탕 서로 갑론을박이 끝나면 학습자들에게 불편한 답을 한다. "책임은 나눌 수가 없다. 나에게 100% 책임이 있다. 상대에게는 0% 책임이 있다." 사실 이게 정답이 아닐지도 모르고 억지라고 할 수도 있지만 중요한 건 이렇게 해보니 효과적이라는 점이다. 생각해보자. 내가 이루고 싶은 가정을 만드는 데 과연 누구에게 책임이 있단 말인가? 가족 구성원 모두가 자신에게 100% 책임이 있다고 여긴다면 어떨까?

가끔은 억울해하는 학습자들도 있다. 왜 나만 책임을 져야 하냐고, 행복한 가족은 나만 만들어야 하는 건 아니지 않느냐고 말이다. 그래서 내가 '불편하고 도전이 되는 질문'이라고 말한 거다. 가정에서 아빠로서 100% 책임감으로 존재한다면, 일터에서 직원으로서 오너십을 갖는다면 어떨까? 사회에서는 어른으로서 100% 책임지는 자세와 마음을 가진다면 어떨까?

특히 아이들을 키우는 일에는 나눌 수 있는 책임은 없다. 책임을 나누면 위에서 언급한 것처럼 '탓'으로 돌아온다. 내 아이를 행복한 아이로 키우는 데 아빠도 100% 책임, 엄마도 100% 책임을 갖는다면 육아와 교육을 아내와 따로 또 같이 할 수 있다.

아내와의 갈등 해결 키워드는 공감 능력

'헐, 대박, 진짜'를 활용하기

시청 횟수 14만 뷰를 넘은 〈여자와 대화하는 방법, 신도림역에서 영숙이 만났다〉라는 유튜브 영상이 있다. 원래는 '사랑에 관한 세 가지 관점'이라는 주제로 오래전에 한 교회에서 진행된 1시간 30분짜리 강의 동영상의 일부다. 여성과 남성의 대화법을 강의할 때 좋은 사례여서 가끔 활용하곤 한다.

어느 날 여성이 남성에게 신기한 얼굴로 말한다. "오빠, 나 신도림역에서 영숙이 만났어." "그래서? 커피 마셨어?" "아니." "밥 먹었어?" "아니." "담에 만나기로 했어?" "아니." "그럼 그 얘기를 나한테 왜 하는데?" "왜는 왜야? 신도림에서 영숙이 만났다는 거지." 이후 대화가 더 이상 이어지지 않았을 것이 분명하다.

이런 대화에서 여자가 원하는 것은 '공감'과 '반응'이 전부다. 그런데 여기다 대고 남자들은 "그래서? 그다음 용건이 뭔데?" 하고 묻는다는 것이다. 대체 이 이야기를 나한테 하는 의도가 무엇인지 남자들은 그 '의도와 결과'에 집중하는 반면, 여자들은 사건 그 '자체'에 집중하기 때문이란다. 이 사례를 두고 어느 강사는 남성들에게 조언한다. 여성과 대화할 때는 단 세 단어면 충분하고 그걸 연습해보자고. 그 세 단어란 바로 "헐, 대박, 진짜"다.

"나 신도림역에서 영숙이 만났어." "헐!" "정말 너무 신기하지 않아?" "대박." "와, 어떻게 그 사람 많은 신도림역에서 영숙이를 딱 만나냐." "진짜." 어떤가? 그다지 큰 힘 들이지 않고 여성과, 아내와 100% 소통하는 대화를 이어갈 수 있지 않나?

남자들은 공감이 왜 그렇게 어려울까?

"헐, 대박, 진짜"의 세 단어를 마법의 단어인 양 일단 외우라고 하는 우스갯소리도 있었다. 그러나 꼭 이 세 단어가 아니더라도 나는 이런 반응, 즉 공감하는 반응은 반드시 필요하다고 본다. 위 사례의 여성은 그 복잡하디 복잡한 신도림역에서 우연히 친구를 만났고 그걸 남편과 공유하고 싶었던 거다. 그 동창과 만나서 어떤 이야기를 나눴는지, 같이 밥을 먹었는지는 중요하지 않다. 그저 신기한 경험을 상대와 나누고 싶었고 그 감정을 공감해주는 것만으로도 남편은 아내의 마음을 알아주는 것이 된다.

그런데 사실 남성의 공감은 쉽지 않다. 상대의 말에 자꾸만 결론을 찾게 되고 해결책을 모색하게 되는 것이 남성의 특성이기 때문이다. 따라서 공감 능력이 타고난 여성, 즉 아내에게 가끔은 배우는 것도 행복한 가정을 위해서 아니 효과적인 회사 생활을 위해서 필요하다. 왜냐하면 아이들이 어릴수록 부모의 공감 능력이 정말 큰 무기가 될 수 있기 때문이다. 또한 일터에는 여성도 있고 나이 어린 직원도 있고 또 나보다 나이 많은 상사도 있다. 가정에서의 공감 능력 향상은 일터에서의 관계에도 그 빛을 발할 수 있다. 아내와 아이가 무언가를 공감해주길 바라고 말할 때 어떻게 반응해야 할지 모른다면, 마법의 세 단어를 연습해놓는 것도 하나의 방법이다. 연습은 그 말을 입에 붙게 하고 입에 붙은 말은 의식하지 않아도 튀어나오게 되어 있다. "헐, 대박, 진짜"에 덧붙여서 "정말? 와, 멋지다"와 같은 추임새도 연습해보자. 왜 그렇게 힘들게 살아야 하냐고 반문한다면 이렇게 답하고 싶다. 물론 지금 하던 대로 해도 된다. 만약 나이 들어서 외로움을 견딜 수 있다면 말이다.

남녀의 차이는 틀린 게 아니라 다른 것

남성과 여성은 분명 차이가 있다. EBS에서 방영된 〈아이의 사생활-제1부 남과 여〉 편에는 흥미로운 실험이 나온다. 대학생 남녀를 초대해서 10분 안에 여덟 가지의 임무를 완수하는 미션을 주는데, 이 여덟 가지 일은 동시에 일어난다. 그런데 결과는 매우 이례적이다. 10분 안에 이 미션을 완수한 남성은 단 한 명도 없었다. 여성들은 침착하게 동시에 일어나는 일을 대처하는 반면, 남성들은 동시에 일어나는 일에 당황한 모습을 역력히 보였다. 한마디로 남성은 '멀티태스킹(multi-tasking)'이 되지 않는 것이다.

물론 남성이 잘하는 영역은 따로 있다. 동일한 운전 경력을 가진 남성과 여성의 주차 실력을 실험한 자료를 보면 남성이 월등히 주차를 잘하는 것으로 나타났다. 이 차이는 결코 누가 누구보다 우월하다거나 부족하다거나 하는 말이 아니다. 그저 남성과 여성이 서로 다른 분야에 더 능력을 보인다는 것뿐이다.

요즘 20~30대 젊은이들 사이에서 젠더 갈등이 심각하다. 이는 우리 사회가 해결해야 할 주요 과제이기도 하다. 젠더 갈등의 원인은 다양한 곳에서 찾을 수 있겠지만 우리 사회가 가지고 있는 근본적인 편견으로부터 기인한다고 생각한다. 나와 다름을 인정하지 않는 사회적 분위기, 나와 다른 것은 모두 틀리다고 규정짓는 문화 말이다. 가끔 '다르다(different)'라는 말을 써야 할 곳에 '틀리다(wrong)'라는 말을 쓰는 경우를 보면 더욱 느껴진다. 결국 나와 다르면, 나의 무리와 다르면 일단 배척하고 보는 태도

등이 지금 젊은 친구들 사이에도 뿌리 깊게 내려와 있고 그것이 이제는 다양한 방식을 통해 표출되고 문제가 되고 있다.

여성과 남성, 기성세대와 MZ세대 등 수많은 그루핑 속에서 우리는 틀림이 아니라 다름을 찾고 서로를 인정하는 것이 필요하다. 부부도 예외가 아니다. 서로 사랑해서 결혼했지만 서로 다름이 있는 여성과 남성의 결합이기에 필연적으로 갈등은 생기기 마련이다. 특히 이들은 성별의 차이뿐만 아니라 생활 방식, 성장 배경, 가치관 등 다양한 차이가 존재하고 그 차이를 넘어서서 하나의 가정을 꾸린 사람들이다. 이 필연적 갈등을 잘 해결할 수 있다면, 결국 가정에서부터 그 차이를 인정하고 존중하고 서로를 배려하는 연습과 훈련을 한다면, 사회에 나가서 효과적이고 훌륭한 인간관계를 맺을 수 있지 않을까?

가정에서 소통이 잘되는 아빠나 남편이 직장에서 소통이 안 된다는 이야기는 별로 들어본 적이 없다. 왜냐하면 직장에서도 똑같이 성별, 나이, 성장 배경 등의 다양한 차이가 존재하기 때문이다. 여성과 남성의 차이를 안다는 것은 또 그것을 인정하고 적용한다는 것은 어디서나 중요한 일이다.

공감 능력도 학습하면 발달한다

여성과 남성의 가장 큰 차이는 공감 능력의 차이라 할 것이다.

EBS 〈아이의 사생활-제1부 남과 여〉 팀이 생후 24개월의 아이를 대상으로 실험을 진행했다. 아이와 엄마가 함께 목공놀이 장난감을 가지고 놀다가 갑자기 엄마가 망치에 손을 다친 척을 하고 아이의 반응을 지켜보았다. 여자아이는 엄마의 손과 얼굴을 번갈아가며 쳐다보더니 금세 눈물을 글썽이거나 울음을 터뜨리기도 한다. 그런데 남자아이는 아픈 엄마를 뚫어지게 바라보면서도 무슨 일이 일어났는지 눈치채지 못하고 잠깐 엄마의 손을 보다가 이내 하던 놀이를 계속한다.

그 외에도 다양한 실험으로 여성과 남성의 차이를 확인시켜준다. 결국 여성은 공감의 뇌가, 남성은 체계화의 뇌가 우월하다는 것을 알려준다. 남성이 주차를 잘하는 이유는 공간지각 능력이 높기 때문이고 공간지각 능력은 체계화 능력의 발달 때문일 수 있다. 여성이 언어 능력이 뛰어난 것은 바로 공감 능력 덕분일 수 있다. 그렇다면 여성의 공감 능력은 삶에서 어떻게 발휘되는가? 공감은 다른 사람의 감정과 생각을 이해하고 적절하게 반응하는 것, 즉 그 사람의 입장이 되어보는 것을 말한다. 공감의 대상은 '사람' 또는 그 '사람의 행동'으로 관심이 사람에게 있다. 반면 남성의 체계화의 능력은 사물을 분석하고 탐색하는 것이기 때문에 대상은 거의 '사물'이다. 관심의 대상이 '사람'보다는 '사물'에 있다는 것이다.

상황에 따라 예외는 있겠지만 남성과 여성은 관심이 다르다.

여성은 밥을 먹을 때 무엇을 먹느냐도 중요하지만, 누구와 어디서 먹느냐도 중요하다. 그에 비해 남성은 밥을 먹는다는 결과가 중요하다. 사람보다는 사물에 관심이 있는 체계화의 뇌가 발달되어 있기 때문이다. 온종일 아이와 씨름하고 힘들다는 하소연을 하는 아내에게 공감하는 것 대신에 남편은 이렇게 말한다. "힘들면 아이를 좀 놔두고 쉬어. 그렇게 해도 아이 크게 잘못되지 않아. 해결책을 찾아야지 힘들다고 하소연만 하면 뭐가 해결돼?" 틀린 말은 아니다. 하지만 아내가 원하는 건 팩트를 듣는 것이 아니다. 마음을 알아주길 원하고 위로가 필요하다는 신호다. 즉 공감의 언어 한마디가 행복한 관계를 지속할지 여부를 결정짓는다.

물론 그렇게 답하는 남편은 아내를 사랑하지 않아서도 아니고 아내가 싫어서도 아니다. 뇌와 사고방식의 차이일 뿐이다. 그렇다면 공감 능력도 연습하고 훈련하면 더 개발될 수 있을까? 물론이다. 타고나지 않았다면 학습하면 된다. "이 어려운 일을 당신은 어떻게 이렇게 씩씩하게 해내나 몰라. 난 당신이 존경스러워" 하며 거창하게 말하지 않아도 괜찮다. "많이 힘들었구나"라고 말하기만 해도 아내는 이내 공감 받는 기분을 느낄 것이다. 이제 서로의 차이를 인정한다면 그 차이를 존중하고 대화법을 바꾸면 된다. 아내에게 건네는 대화를 지금까지와 다르게 한다는 것, 상상만 해도 멋진 결과를 낼 것이다.

연습이 필요한
공감 능력

'내가 먼저' 달라졌다

큰아이를 임신하고 여러 가지 이유로 10년 동안 경력이 단절된 적이 있었다. 사회 활동을 활발하게 하다가 결혼 후 집에서 살림만 하게 되면서 소위 자존감이 바닥이었던 시기였다. 어느 날 우연히 내 팔뚝을 봤는데 너무 우울한 마음이 들었다. 남편에게 "TV에 나오는 여자들은 애를 낳아도 저렇게 날씬하고 팔도 그대로인데, 내 팔뚝은 씨름 선수 같아"라고 말했는데 돌아온 대답은 나를 웃음 짓게 했다. "그 사람들은 애를 자기가 안지도 않아. 난 우리 애를 안아서 두꺼워진 당신 팔뚝이 훨씬 예뻐."

지금 생각해보면 정말 립 서비스 같은 말이고 앞뒤도 안 맞는 말이다. 하지만 그때 당시에는 온종일 쌓인 스트레스가 그 말 한

마디에 사라졌다. 그러면서 생각했다. '아니, 이 남자는 이렇게 말하는 법을 어디서 배우나?' 놀랍게도 배웠다고 하더라. 배움의 대상은 다름 아닌 당신이라고 말하는데 이건 좀 믿기지 않았다.

사실 신혼이라고 생각한 3년 정도는 정말 많이 싸웠다. 남편에게 무슨 말만 하면 "당신이 내 팀장이야?"로 받아쳤다. 주말 아침 거실에서 TV를 보고 있는 남편에게 "청소기 좀 밀지?"라고 말하면 "그렇지 않아도 하려고 했어. 그 말 들으니까 더 하기 싫다"하며 짜증을 냈다. 나갔다가 들어와서 현관에 신발이 여기저기 흩어져 있는 모습에 "누가 보면 우리 집에 백 명 정도 사는 줄 알겠다. 왜 신발이 죄다 나와 있어?"라고 말하면서 신발장에 신발을 넣다 보면, "우리 집에 누가 온다고 그래?" 하며 또 싸움이 시작되었다.

남편과 대화가 달라진 계기는 큰아이를 위해 부모 역할을 공부하면서부터다. 아이와의 대화법이 달라지니 자연스럽게 남편과도 대화가 달라졌다. 상사처럼 지시하는 말투에서 요청하고 공감하는 말투로 바꾸기 위해 연습하고 또 연습했다. 처음에는 남편도 어색한지 "왜 그래? 그냥 하던 대로 해. 힘들게 살지 말자" 하며 저항하는 시기가 있었지만 굴하지 않고 지속적으로 말투나 대화법을 바꿔갔다. 결국 남편도 이제 그런 공감의 대화가 익숙하다고 한다. "당신한테 배웠지, 내가 누구한테 배워?"라고 말하는 남편이 고마웠다. "남자는 원래 그래. 너무 많은 걸 바라지 마"라고 하면서 자신을 방어할 수도 있었는데 행복한 가정을 위해 배우고 적용하고 변화하려는 모습을 보여주었기 때문이다.

《이어령의 마지막 수업》(김지수·이어령, 열림원, 2021)을 보면 "궁극적으로 인간은 타인에 의해 바뀔 수 없다네"라는 문구가 나온다. 인생의 진리가 있다면 이게 아닐까 한다. 결국 나만 나를 바꿀 수 있다는 것이다. 누가 먼저가 중요하지 않다. 나부터, 오늘부터 배우고 적용하고 지속하면 된다.

팩트가 필요한 게 아니다

아이 친구 엄마가 하루는 남편 입을 한 대 때려주고 싶다며 입을 열었다. 아이 친구는 사회적으로 말하는 늦둥이다. 아이가 초등학교에 입학했을 때 같은 반 엄마들과의 나이 차이가 적게는 7~8년, 많게는 띠동갑도 있었다. 그 엄마는 나이가 많다는 이유로 학부모 대표를 맡게 되었다. 아무래도 나이 차이가 있어서 그런지 한 학기 동안 대표를 하면서 힘이 들었다고 했다. 하루는 회의에 다녀와서 남편에게 힘들다는 하소연을 했다. "요즘 엄마들 너무 자기밖에 모르는 거 같아. 모임 한 번 하기도 정말 힘들고, 뭐 좀 하자고 하면 다 바쁘다네. 집에 있는 엄마들이 왜 이렇게 바빠?" 남편의 반응은 나의 예상대로였다. "그러니까 내가 그거 하지 말라고 했지?" 하며 짜증을 내더라는 것이다. 이후 대화는 아마 모두가 상상한 그것이었다. "내가 하고 싶어서 했어? 우리 아들 학교에서 뒤처질까 봐 그나마 엄마가 좀 활동을 해야 해서 그렇지 뭘 알지도 못하면서." "그게 엄마가 활동한다고 애가 학교생활 잘할 수 있는 거야? 아, 몰라. 당신이 선택한 거니 당신이 알아서 해. 나한테 힘들다 그런 말은 하지 말고."

그리고 나서 너무 화가 나서 일주일째 말을 하지 않고 있다며 어떻게 보기 좋게 복수할 수 있는지를 물었다. 사실 그 남편의 말이 틀린 말이라고 생각하지 않는다. 모두 사실일 수 있다. 하지만 틀리지 않은 말, 소위 말하는 '팩폭(팩트 폭격)'이 그때 꼭 필요한 말은 아니다. 아내는 남편이 하고 있는 말을 다 알고 있다. 그걸 몰라서 남편에게 말을 한 것이 아니라 누구나 알아차렸듯이(만약 이 순간에도 알아차리지 못했다면 좀 더 분발하시길 바란다) 아내는 그저 남편에게 자신의 지금 상황을 공감 받고 위로 받고 싶었던 것이다. "힘들었겠네. 아니, 대체 어떤 개념 없는 엄마가 울 마누라를 힘들게 해!" 이렇게 간단한 공감의 말 한마디면 끝이다.

푸념을 하는 아내에게 팩트 폭격을 하는 그 순간에도 아내가 정말 원하는 것이 무엇인지 알았을 수도 있다. 그런데 왜 그 말이 바로 나오지 않고 원하지 않은 말이 나와서 갈등이 심화되고 지속되게 된 걸까? 그건 익숙하지 않아서 그렇다. 여성이든 남성이든 상대를 공감하는 대화는 끊임없는 연습이 필요하다. 입에 붙을 정도로 연습해야 어떤 순간에도 자연스럽게 나올 수 있다.

앞서 말한 것처럼 남성은 태생적으로 공감의 뇌가 여성보다 덜 발달되었기에 좀 더 연습이 필요하다. 만약 남편이, 아빠가 공감의 단어를 쏟아낼 수 있다면 어떨까? 물론 쉽지는 않겠지만 전혀 불가능하지도 않다. 몇 번 해보고 멈추지만 않는다면 말이다. 복수하겠다는 그 엄마에게 간단하게 조언을 했다. "남자들은 공감의 뇌가 좀 덜 발달되어 있어요. 다른 영역이 더 발달했거든요. 우리가 알려줘야 해요. 화내지 말고 '내가 이렇게 말했을 때는 다음번에는 이렇게 말해줘. 난 당신에게 조언을 구한 게 아니라 공감을 구한 거야'라고 말해보세요."

갈등에 대처하는 네 가지 반응

나의 아내가, 나의 자녀가 심지어는 회사 직원이 나에게 자신의 힘듦과 어려움을 말한다면 어떻게 공감하면 될까? 먼저 나에게 말해준 것에 대해 감사함을 표현해야 한다. 푸념이든 넋두리든 걱정이든 그것을 받아줄 수 있는 사람이라고 생각하니까 마음의 이야기를 하는 것이다. 처음 몇 번은 뭔가 큰 기대를 하지 않았을 수도 있다. 그러나 마음속의 이야기를 한 사람이 원하는 것을 얻지 못했을 때는 이내 나에게 입을 닫고 마음을 닫을 수 있다. 일터에서야 일로 만난 사이니 그 마음을 얻지 못했다고 해서 인생이 불행해지거나 하지는 않겠지만 가정에서는 다르다.

아내와 자녀가 나에게 마음을 닫았다는 건, 인생의 행복을 결정할 수 있는 중대한 문제다.

자, 그렇다면 누군가 나에게 자신의 문제를 가져오면 어떻게 공감하는 것이 좋을까? 미국의 심리학자 존 가트맨 박사는 저서 《내 아이를 위한 감정코칭》(존 가트맨·최성애·조벽, 한국경제신문사, 2011)에서 사람들이 자신에게 문제와 어려움을 이야기했을 때, 어떻게 반응하느냐에 따라 상황이 갈등 상황이 될지 여부가 결정된다고 한다. 존 가트맨 박사는 사람들은 상대가 자신의 감정을 이야기했을 때 네 가지의 반응을 보인다고 한다. 아내가 남편에게 힘들다는 말을 한 위의 사례를 적용해보자.

첫 번째는 잠시 잠깐 힘듦을 잊을 수 있도록 진통제를 처방하는 축소 전환형이다. "뭐 그런 거 가지고 그렇게 힘들어하고 그래. 잊어. 엄마들 원래 그렇잖아. 당신이 좋아하는 골뱅이에 맥주 한잔 어때?" 이 유형은 상대의 마음을 완전 축소시키고 다른 것으로 전환시켜 버린다. 말한 상대는 그때 잠시는 위로 받았을지 모르지만 자신의 마음을 충분히 공감 받았다는 경험이 없다.

두 번째 유형은 폭군과 같은 억압형이다. "내가 그래서 그런 거 맡지 말랬지? 당신은 꼭 내 말을 안 듣더라? 그리고 사회에 나가봐. 그보다 더한 사람도 많아." 공감을 얻고자 했는데 독설을 준다면 이후 갈등은 깊어지고 다시는 이 사람에게 자신의 속마음을 말하지 않을 것이다. 입을 닫고 마음을 닫는 가장 대표적인 유형이다.

세 번째는 자신의 문제가 아니기에 구경꾼처럼 존재하는 방임형이다. "아, 그랬구나. 그런데 내가 뭘 어떻게 해. 당신이 알아서 해. 난 내 문제만으로도 머리 아파." 얼핏 보면 공감을 하는 것 같지만 상대와 진정으로 연결돼서 공감하는 것은 아니다. 이 또한 더 이상 자신의 마음을 내보이기는 어려울 것이다.

마지막으로 네 번째는 감정코치형이다. 감정코치형은 상대의 감정은 받아주되 행동에는 제한을 둔다. 상대가 감정을 표현할 때 인내심을 갖고 기다려주며 상대의 감정을 존중한다. 감정코치형의 가장 중요한 키워드는 공감적 경청이다.

공감적 경청 세 단계가 필요하다

그렇다면 어떻게 공감해야 할까? 공감적 경청 유형은 세 단계로 구성되어 있다. 먼저 충분하게 '공감'한다. 예를 들면, "힘들었겠네. 아니, 대체 어떤 개념 없는 엄마가 울 마누라를 힘들게 해!" 여기서 끝나도 되지만 그렇다면 방임형으로 갈 확률이 높다. 두 번째 단계인 '질문'을 꼭 해야 한다. 이때 질문은 상대를 취조하듯이 따져 묻는 질문이 아니라 결론을 이끌어내는 질문이다. "내가 뭐 도와줄까? 어떻게 하면 당신이 좀 편하겠어?" 하는 질문 말이다. 그리고 나서 마지막 단계인 '대안'은 고민을 전한 그 사람이 말할 수 있도록 한다.

사실 문제를 가지고 온 그 사람은 답도 가지고 있다. 다만 그 답을 확인받고 싶은 거다. 마지막 대안은 그 사람이 말할 수 있도록 돕는다. 공감과 질문을 충분히 반복한다면, 아내는 이런 말을 할 수도 있다. "아냐. 내가 좀 힘들어도 잘 버텨볼게. 걱정해줘서 고마워." 아니면 이렇게 말할 수도 있다. "다음 모임에서 나를 도와줄 수 있는 사람을 모색해볼게. 그 엄마랑 같이 하면 좀 괜찮을 거야." 스스로 선택해야만 행동도 빠르고 그 행동에 책임도 질 수 있다. 대안을 남편이 말하면 그건 나중에 탓으로 돌아올 수 있다. "당신이 버텨보라고 해서 그랬는데 몸만 축났어" 하고 말이다.

공감적 경청 세 단계는 아이들과의 대화에서 더욱 효과적이다. 자녀가 힘들어서 학교를 그만둔다고 할 때, 유치원에서 아이들이 놀려서 안 간다고 떼를 쓸 때, 자녀의 마음을 읽어주는 공감과 질문 그리고 결정을 돕는 대안 제시 세 단계를 적용해보면 어떨까?

행복한 자녀를 위한
행복한 부부 되기

큰아이 입시의 비결

큰아이 입시 결과를 둘째 아이 친구 엄마들이 어떻게 알았는지 모임에서 질문 세례를 받은 적이 있다. 아무래도 우리나라에서는 대학 입시 결과가 무척 중요하다 보니 큰아이를 어떻게 공부시켰는지, 어떤 학원을 다녔는지, 심지어는 각 과목별로 어떻게 공부했는지에 대한 질문이 가장 많았다.

사실 엄마로서 그다지 알고 있는 것이 없어서 좀 대답하기 난감하기도 했지만, 가장 확실하게 답할 수 있는 건 하나 있었다. "좀 재수 없게 들릴지도 몰라요. 감안해서 들어주세요. 남편하고 사이가 좋았어요. 저는 그게 가장 큰 이유라고 생각해요." 이런 답을 할 때 반응은 두 가지로 나뉜다. 그게 왜 이유인지 정말 궁금해하는 부류와 정말 재수없어하는 부류로 말이다.

후자에게는 농담이라고 말하고 간단한 답을 하고 만다. 하지만 그 이유를 정말 궁금해하는 사람들에게는 진지하게 말한다. 부부 사이가 좋아야 아이가 마음의 안정을 갖고 자신이 하고 싶은 것에만 집중할 수 있다고 말이다. 꼭 공부만이 아니라 아이가 정말 하고 싶은 것을 할 때 다른 것(예를 들어 부모 사이가 안 좋아 집에 있고 싶지 않다든지, 형제자매 사이가 좋지 않아 늘 억울함을 경험한다든지, 부모가 자신에게만 집중해서 어깨가 무겁다든지 등)에 집중해야 한다면 치열한 경쟁의 시대를 뚫고 나가기가 정말 힘들 수 있다.

큰아이는 언어적으로 뛰어나고 집중력도 좋았다. 아이에게 관심을 두었고 지나치지 않으려고 남편과 노력했다. 가능한 한 아이의 행동보다는 감정에 집중했던 것 같다. 학교에서 인정받고 학업 성취에 욕심이 있다는 사실을 알게 되면서 초등학교 때부터 중학교 때까지는 수학을 제외하고(수학은 정말 어려워서 뺐다) 시험 전에 꼭 엄마한테 다음 날 시험 볼 내용을 브리핑하게 했다. 아이도 재미있어하고 효과도 있었기 때문이다. 사실 요즘 과목은 엄마인 내가 듣고 있어도 잘 모르겠고, 관심도 없는 과목도 많았지만, 꾹 참고 아이가 됐다고 할 때까지 다 들어줬다. 아이는 그런 방법이 효과적이라고 생각했고 그 방법은 고등학교 들어가서는 멈췄다.

둘째 아이는 학업에는 관심이 덜했지만 감성이 풍부해서 이야기를 짜거나 그림을 그리는 데 오롯이 집중할 수 있는 환경을 만들려고 노력했다. 아이가 집에서만이라도 최대한 편안하고 자유로운 활동을 할 수 있도록 하는 데 집중하다 보니, 오히려 둘째 아이는 학교나 학원 선생님으로부터 그런 질문을 많이 받는다. "아이를 어떻게 그렇게 밝고 바르게 키우셨어요?" 물론 그때도 이렇게 답했다. "아마 부부 사이가 좋아서 그런 거 같아요. 하하."

부부 사이가 좋다는 건 절대로 싸우지 않는다는 말이 아니다. 의견 충돌도 있고 아주 가끔은 큰소리를 내기도 한다. 하지만 그 갈등을 어떻게 해결해 나가는 것인지 보여주는 것도 아이들에게 좋은 교육이 될 것이다. 만약 지금 당신의 자녀를 행복한 아이로 키우고 싶다면 부부의 행복도를 먼저 체크하는 것이 필요하다.

힘들지만 꼭 필요한 것, 서로의 입장에 서보기

예비 부부 교육을 할 때나 미취학 부모 교육을 할 때, 남편들에게 잊지 않고 꼭 추천하는 드라마가 있다. 요즘도 가끔 케이블 TV에서 재방송을 하면 될 수 있으면 다시 본다. 학습자들에게는 16부작이라 다 보기 어려우니 1~2부는 꼭 보라고 추천한다. 그 어떤 책이나 강의보다 효과적이다. 2018년 tvN에서 방영한 〈아는 와이프〉라는 드라마다.

이 드라마의 내용은 결혼한 남자 주인공이 결혼 생활에 힘들고 지쳐 과거로 돌아가 운명을 바꾸고 아내를 바꿔서 살다가 결국에는 지금의 아내에 대한 진정한 사랑을 깨닫고 원래 아내와 알콩달콩 잘 살았다는, 어찌 보면 현실성 없는 스토리와 결말이다. 하지만 이 드라마에서 주목할 만한 점은 결혼 생활을 아주 사실적으로 그렸다는 것이다. 특히 1~2회에 나온 장면은 부부의 삶의 애환과 갈등을 현실적으로 보여줘서 아마 많은 부부들의 공감을 샀을 것이다.

맞벌이, 육아와 살림에 지쳐 있는 아내는 만성피로와 수면부족으로 시도 때도 없이 화가 나고 분노 조절이 어려운 상태이고, 남편은 남편대로 처음과 다르게 변해가는 아내에게 실망한다. 직장에서 이리 치이고 저리 치이면서 유일한 낙이라고 한다면 옷장에 숨어서 게임기를 가지고 게임을 하는 것뿐이었다. 이 부부의 갈등이 격화된 날에는 비가 억수같이 쏟아졌다. 친정아버지 기일에 오지 않은 남편에게 실망하고 아이와 씨름하고 있었던 아내가 옷장에서 발견한 건 남편이 아내 몰래 숨겨놓은 게임기였고, 아내는 바로 욕조에 물을 받아 게임기를 담가버렸다. 전쟁터 같은 직장에서 퇴근하고 녹초가 돼 집에 온 남편이 발견한 건, 물에 젖어 사용할 수 없는 게임기 상자였다. 그 이후 남편이 과거로 돌아가는 내용인데, 이 모든 것이 너무나 이해가 된다. 아내도 남편도 모두 사랑하면서 살려고 결혼했는데 왜 이렇게 어긋나고 힘든지, 다시 과거로 돌아가 아내를 바꾸면, 남편을 바꾸면 그 모든 어려움과 갈등이 사라질 수는 있는 건지….

사실 결혼 생활에서 어느 한쪽만 힘들기는 어렵다. 모든 것이 연결되어 있고 아내가 불행한데 남편만 행복할 수 없고 아이들이 행복한데 부모만 불행할 수 없다. 서로 내가 더 힘들다고 소리쳐봤자 드라마처럼 과거를 바꿀 수도 없을뿐더러 설사 과거를 바꾼다고 하더라도 내 행복을 장담할 수는 없다. 그저 서로의 입장에 서보는 거다. 아내는 남편의 입장에, 남편은 아내의 입장에 말이다. 말이 쉽지 그게 그렇게 쉽냐고 말할지도 모른다. 물론 쉽지 않다. 사실 가족보다는 생판 모르는 사람의 입장에 서보는 것이 더 쉬울 수도 있다.

가족은 어렵다. 기대가 있기 때문이다. 이 드라마에서 이런 대사가 나온다. "당신은 슬픈 영화 좋아하잖아?"라고 말하는 남편에게 아내가 말한다. "나 코미디, SF 같은 거 좋아해. 내가 슬픈 영화를 볼 때는 울고 싶을 때야." 우리는 서로를 얼마나 알고 있을까?

아들도 딸도 '아빠 같은 사람'이 로망이라면?

지난 10년간 부모 교육, 부부 교육 등 가족과 관련된 강의를 하다 보니, 물론 생물학적 부모가 없을 수는 없지만, 모든 사람이 우리가 통상적으로 생각하는 전통적인 가족의 형태를 가지고 사는 것은 아니었다. 시대가 변하고 가족의 형태도 변했다. 부모와 자녀로 구성된 가족 외에도 한부모 가족, 조손 가족 등 가족의 형태도 다양하고, 가족의 인식도 달라지고 있다. 여성가족부와 한국여성정책연구원에서 2020년에 조사한 통계에 따르면. 2019년 가족의 다양성에 대한 국민 여론조사 결과 응답자의 66.3%가 혼인, 혈연에 무관하게 생계와 주거를 공유할 경우 가족으로 인정한다고 한다 이제 한국은 1인 가구의 숫자가 4인 가구의 숫자를 앞지르고 1인 가구의 비중이 2020년에는 31.7%이며 비혼 확산에 30대 다섯 명 중 두 명, 40대 다섯 명 중 한 명은 비혼이다(〈차이나는 클라스-인생수업, 정재승 교수편〉).

특히 20~30대 젊은 여성·남성들이 결혼을 하지 않거나 결혼을 했더라도 자녀를 갖지 않는 비율이 높아지고 있다. 이유는 정말 다양하다. 지금 이 책을 읽고 있는 부모들 중에 나의 아이는 결혼을 꼭 할 거라고 확신을 가질 수 있는 부모가 얼마나 될까? 한 가지 확실한 건 우리 아이들, 다음 세대에는 결혼과 출산이 더 힘들 것이라는 점이다. 우리 아이들은 부모 세대보다 더 잘 살 수 있을까? 몇몇 예외는 있겠지만 쉽지 않다. 내 아이, 다음 세대가 계속 결혼과 출산을 기피하면 이후 대한민국은 어떻게 될까?

사실 이건 지금의 기성세대가 격렬하게 반성해야 할 부분이다. 왜 결혼과 출산을 안 하려고 하는지, 이건 개인의 취향의 문제가 아니고 구조적인 문제라는 것은 모두 공감할 것이다. 그렇다면 우리는 부모로서 무엇을 할 수 있을까? 한참 〈요즘 육아 금쪽같은 내 새끼〉를 시청하던 젊은 세대들이 이제는 시청하기를 꺼린다고 한다. 모든 아이들이 그렇지 않을 텐데 그 프로그램에 몰입하다 보면 아이를 키우는 것이 정말 어렵게 느껴지고, 아이를 가질 생각, 나아가서 결혼 생각도 없어진다는 것이다. 오히려 그 성인 버전인 〈오은영의 금쪽 상담소〉에 더 집중하게 된다고 한다. 거기에 나온 패널들의 가족사를 봐도 그렇고, 내가 지난 10년 동안 성인들 코칭을 하면서 경험하면서 느낀 것은 '부모의 영향력이 정말 크고 오랫동안 지속되는구나' 하는 것이다.

나이가 40, 50이 되어도 어렸을 때 부모에게 받았던 부정적 영향력을 계속 가지고 있고 심지어는 그것을 자신의 자녀에게 대물림하고 있다는 것이다. 많은 부모들이 엄마처럼, 아빠처럼 살지 않겠다고 결심하지만 정작 그들의 엄마처럼 아빠처럼 행동하고 자녀에게 그것을 대물림하는 것을 보았다. 또 엄마 같은 아빠 같은 사람과는 만나지 않겠다고 결심하지만 정작 자신이 고른 배우자는 원하지 않은 엄마의 모습, 아빠의 모습을 닮은 배우자였다. 결국 부정적 대물림은 내가 과거에 매어 있을 때 끊기가 어렵다. 내 아이에게 그런 대물림을 하지 않으려면 이제 나의 부모와의 부정적인 끈을 끊고 새로운 끈을 만들면 된다. 언제까지 과거의 끈에 얽매여서 자신의 부모를 탓하며 나의 자녀에게 대물림을 할 것인가? 나의 아들이 "나중에 아빠 같은 아빠가 될 거야"라고 말하고 나의 딸이 "아빠 같은 남자와 결혼하고 싶어"라고 말한다면 어떨까? 지금부터 새로운 나의 삶을 풀어보자.

나는 배우자를 얼마나 알까?

부부 교육을 할 때 진단을 한다(〈나는 배우자를 얼마나 알까?〉 진단표 참고). 상대를 얼마나 알고 있는지 대답할 수 있다면 1점, 없다면 0점이며 점수를 합하면 된다. 기준이 되는 점수는 20점 만점에 11점이다. 자신이 11점 이하이면 상대를 알기 위해 더 노력해야 한다. 물론 11점 이상이면 좋은 점수다. 상대를 잘 알고 있고 서로가 원하는 것을 함께 바라보고 있다는 결론이 나온다. 점수의 해석을 본 후 강의장에서는 11점 미만인 분들은 창피할 수 있으니 보호한다고 하고 11점 이상만 손을 들게 한다(어차피 손을 안 드는 사람은 11점 미만이므로 보호는 되지 않는다). 그 이후에 꼭 하는 말이 있다. "지금 손을 들었거나 들지 않은 분들 모두 함정에 빠졌어요. 내 점수가 정말 사실인지는 집에 가서 상대에게 보여줘야 알 수 있어요. 아내가 좋아하는 영화 장르를 알고 있다고 1점을 주었는데 사실 아닐 수도 있어요." 사실 진단을 하는 이유는 스무 개의 항목을 다시 한 번 생각해보는 시간을 갖기 위함이다.

내가 아내에 대해 얼마나 알고 있는지 한번 체크해보자. 그리고 아내에게 채점을 의뢰해보자. 만약 틀린 것이 있거나 대답하지 않은 영역이 있다면 그걸 다시 물어보면 된다. 이 진단 활동만으로도 충분히 인정받을 만하다.

나는 배우자를 얼마나 알까?

1	배우자의 친구 이름을 세 명 이상 말할 수 있다.	
2	배우자가 현재 무엇 때문에 스트레스를 받는지 말할 수 있다.	
3	최근 배우자의 신경을 곤두세우는 사람들의 이름을 알고 있다.	
4	배우자의 인생의 꿈을 몇 가지 들 수 있다.	
5	배우자의 종교에 대한 믿음과 생각을 잘 알고 있다.	
6	배우자의 인생 철학에 대해 얘기할 수 있다.	
7	배우자가 가장 싫어하는 형제나 친척의 이름을 말할 수 있다.	
8	배우자가 좋아하는 음악을 알고 있다.	
9	배우자가 좋아하는 영화 세 편을 들 수 있다.	
10	배우자는 내가 스트레스를 받고 있다는 것을 잘 알고 있다.	
11	배우자가 경험한 가장 특별한 사건을 세 가지 이상 알고 있다.	
12	배우자가 어린 시절 경험한 가장 괴로웠던 일을 말할 수 있다.	
13	배우자와 부모의 어린 시절 관계를 잘 알고 있다.	
14	배우자가 가장 걱정하고 있는 것을 말할 수 있다.	
15	배우자는 내 친구들의 이름을 알고 있다.	
16	복권으로 큰돈이 생기면 상대방이 무엇을 하고 싶은지 알고 있다.	
17	배우자의 첫인상을 자세히 말할 수 있다.	
18	주기적으로 배우자의 주변 일에 대해 듣고 있다.	
19	배우자가 나를 충분히 알고 있다고 생각한다.	
20	배우자는 내 소원과 희망을 알고 있다.	

출처: 세리연구소

4장 [연대]

좋은 아빠가 되기 위해

코로나19 팬데믹으로 생긴 칼퇴근 문화

"그러는 거 아니야!"

인턴을 하고 있는 큰아이가 하루는 평소보다 일찍 퇴근했다. 40분 정도 일찍 집에 도착했기에 무슨 일이 있는지 걱정이 돼서 물었다. "어? 웬일이야? 일찍 왔네?" 큰아이는 너무나도 아무렇지 않게 "응. 어제 40분 늦게 퇴근했거든. 그래서 오늘 40분 먼저 나왔어." 나도 모르게 꼰대 같은 말이 나왔다. "그러는 거 아니야!"

자초지종을 들어보니 팀장으로부터 특별한 일이 없으면 지금 퇴근해도 된다는 말을 듣고 좀 찝찝했지만 나왔다고 했다. 그러면서 큰아이가 내게 물었다. "엄마, 윗사람들이 다 앉아서 일하고 있는데 먼저 퇴근할 때는 뭐라고 말하고 나와야 해?" 나는 다시 되물었다. "넌 뭐라고 말하고 나왔는데?" 큰아이는 아까는 "가 보겠습니다"라고 말했지만 그것보다 좀 더 그 상황에 맞는 인사를 하고 나오고 싶었다고 대답했다. 그러면서 '수고하세요'는 윗사람에게 하는 말이 아니고, '내일 뵙겠습니다'는 그날이 금요일이어서 이상했고, '먼저 퇴근하겠습니다'는 남아 있는 사람들을 놀리는 것 같다고 고민했다. "그냥 네가 하고 싶은 말을 하고 나오면 돼. 다른 사람들 생각보다 그렇게 신경 안 써." 큰아이와 대화하면서 한시름 놓았다. 퇴근하면서 어떤 말을 해야 적당한지, 최소한 밉게 보이지는 않는지 궁리하는 모습이 예뻐 보였다.

모든 일터가 그런 것은 아니지만 야근이 없어지고 재택근무가 늘어나면서 함께 일하는 사람과의 대면 접촉이 사라지고 랜선상으로 연결되는 문화가 자연스러워졌다. 불과 5~6년 전만 해도 강의장에서 직원들의 워라밸(Work Life Balance, 일과 삶의 균형)을 위해 일주일에 하루만큼은 칼퇴근을 하자고 떠들었던 시대가 있었는데 이제는 일주일 내내 정시 퇴근을 하는 직장이 늘어나면서 그러한 담론은 사라졌다. 오히려 삶의 만족도 향상을 위해 퇴근 후 어떻게 시간을 효과적으로 보내는 것이 좋은지에 대한 콘텐츠가 더 요구되고 있다.

퇴근하면 카페로 간다

한 대기업에서 100여 명의 직원들을 대상으로 '워라밸' 강의를 한 적이 있었는데 하나의 질문에 다양한 대답이 나와서 지금도 기억에 남는다. 내가 한 질문은 "요즘 퇴근 시간만 되면 빨리 퇴근하라고 PC OFF 제도(퇴근 시간 이후에 PC가 강제로 꺼지는 제도)가 운영되고 있고, 미리 신청하지 않은 야근자에게는 불이익도 준다고 하는데 그럼 퇴근하고는 모두 가족들과 함께하거나 자기 계발을 위해 어딘가를 가시나요?"였다.

놀랍게도 가장 많은 대답이 카페였다. 대체 그 시간에 카페에 가서 누굴 만나는지 궁금했지만 카페에 가는 이유를 들어보니 의문이 바로 풀렸다. 한참 일이 많은 30~40대 직원들은 자신의 노트북을 들고 남아 있는 일을 하러 카페에 간다고 한다. 대부분 카페에서 간단하게 저녁을 때우고 밀린 일을 하는 것이다. 아이러니하게도 회사에서 일을 하지 말라고 하니 카페에서 일을 하는 것이다.

그렇다면 팀장급인 40대 후반, 50대 직원들은 왜 집으로 가지 않고 카페로 향하는가? 물론 다 그렇지는 않겠지만 집에 가도 자신을 반기는 이는 키우고 있는 '반려견'뿐이기 때문이라고 했다. 시대의 변화에 발 빠르게 적응하면서 업무 시간 내에 일을 마치고 퇴근 후에는 가족과 함께 행복한 시간을 보내거나 자기 계발을 위해 시간을 투자하는 사람들도 있을 것이다. 하지만 대부분은 이 과도기적인 상황에서 변화를 쫓아가기 바쁘다.

그렇다면 좀 더 세밀한 접근이 필요하다. 무조건 PC를 끌 것이 아니라 업무 시간 내에 일을 마칠 수 있는 구조를 만들고, 퇴근 이후에는 일보다는 가족들과의 행복한 생활을 할 수 있도록 하는 지원이 필요하다. 다른 회사가 하니까, 이게 트렌드니까 적용하는 것이 아니라 우리 일터, 우리 직원들이 가장 필요로 하는 제도나 문화가 무엇인지를 먼저 파악한 후에 작지만 그것을 먼저 실행하는 편이 훨씬 낫다.

이를 위해서는 의사결정을 할 수 있는 CEO나 임원의 결단도 필요하지만 직원들 스스로가 적극적으로 의견을 개진하고 변화를 만드는 것에 동참하는 것도 필요하다. 변화를 만드는 것은 그렇게 거창하지 않아도 된다. 나와 함께하는 팀원들과 먼저 가볍게 시작한다. '내가 아니면 누군가 하겠지'라는 생각은 우리가 아이들에게 하는 말에 반하는 것이다. 우린 아이들에게 "어디서든 자신감을 가지고 적극적으로 행동해라"라고 말하지 않나? 아이들에게 말뿐인 아빠로 비춰지기를 원하는 사람은 없을 것이다.

퇴근이 두렵다면?

칼퇴근을 하면 얼른 집에 가서 가족들과 함께 있기를 원할 것 같은데, 카페로 향하는 아빠들의 마음은 과연 어떤 것일까? 일은 많은데 사무실에서 할 수 있는 상황은 아니고, 그렇다고 집에 일을 가지고 가면 가족들 눈치가 보여서라면 조금 낫다. 혹시 집에 가면 아무도 반기는 사람이 없어서인가? 아니면 자신이 집에 들어갔을 때 모두 각자 방으로 흩어져서일까? 퇴근했는데 현관 앞에 놓여 있는 아내의 신발을 보고 다시 돌아서 나가고 싶었다는 어느 가장의 고백처럼 함께하는 시간이 많아졌는데 연결은 오히려 끊어지고 서로를 상처 내고 있지는 않은지 한번 생각해볼 일이다.

영국의 한 연구에 의하면 평상시 부부가 함께 보내는 시간이 하루 평균 90분 정도였으나, 코로나19 사태 이후에는 하루 평균 15시간 이상으로 증가했다고 한다(〈정신의학신문〉, 이호선 정신건강의학과 전문의, 2020). 한국의 경우 15시간까지는 아니라도 그 전보다는 부부가 함께하는 시간이 많아진 것은 사실이다. 특히 코로나19 초기에 중국의 부부들이 갈등으로 인해 이혼율이 급증해서 코로나19 이혼, 즉 '코비디보스(Covidivorce)'라는 신조어가 생겨났을 정도다. 갈등이 모두 이혼으로 이어지는 것은 아니지만 코로나19로 인해 많은 사람들의 사회활동이 줄어들고, 행동에 제약이 생기고, 심리적으로 위축되며, 가족과 오랜 시간 함께하게 되면서 생기는 크고 작은 갈등은 그저 가볍게 넘길 만한 수준이 아니다. 마침내 그토록 원하던, '저녁이 있는 삶'이 되었는데 아직 우리는 준비되지 않았다. 가족들과 함께하는 시간이 많아졌는데 그 시간에 어떻게 연결되고 어떻게 함께해야 할지 낯설다.

재택근무가 늘어나고 아이들이 온라인 수업을 하면서 아내는 '돌밥돌밥(돌아서면 밥, 돌아서면 밥의 준말)'에 지쳐가고, 남편은 그전에는 별로 관심이 없었던 아내의 일상생활이 눈에 보이면서 안 하던 잔소리를 하게 되었다. 마주하고 싶지 않은 상황이 생기면 그 자리를 피하는 게 좋은데 이제 코로나19로 인해 갈 곳도 마땅치 않다. 좋든 싫든 가족과 함께해야 한다. 때문에 코로나19 이전보다 더 가족들과 함께 잘 지내는 노력이 필요하다.

적당한 거리는 마음의 방역을 위한 일

팬데믹 상황이 심각했을 때 남편은 재택근무, 아이들은 온라인 수업으로 온 가족이 온종일 함께했던 시기가 있었다. 2주 정도 짧은 시간이었는데 이러다가는 큰 싸움 나겠다는 생각이 들 때도 있었다. 코로나19로 인해 비록 활동의 제약은 있어도 장도 보고 낮에는 동네 친구를 만나야 하는데 남편이 집에서 일을 하니 적잖이 눈치가 보였다.

큰맘 먹고 스트레스도 풀 겸 동네 친구 집에서 차 마시며 수다를 떨고 있었는데 계속 남편에게서 문자가 왔다. 언제 올 건지, 저녁은 어떻게 할 건지 묻는 문자에 답을 했지만 이어지는 문자에 화가 나서 저녁 정도는 알아서 해결하라고 하고 그다음부터는 일절 답을 하지 않았다. 그러고 나서 집에 들어갔더니 셋이서 단단히 화가 났다. 어떻게 자신들을 두고 저녁을 먹고 올 수 있느냐는 푸념이었다.

아마 남편은 그동안 안 보던 것들을 보게 되면서 적응이 되지 않았을 수 있다. 아내와 아이들의 일상, 물론 어느 정도 예상은 했겠지만 직접 하루하루 함께하다 보니 지적하게 되고 평가하고 싶은 생각이 스멀스멀 올라왔을 것이다. 여기서 중요한 건 이해는 하되 거기까지면 된다는 것이다. 지속적으로 올라오는 비교, 평가, 판단 등은 내려놓는다. 왜냐하면 그러한 자동적으로 올라오는 것들은 상대와 좋은 관계를 맺는 데 그다지 효과적이지 않기 때문이다. "이해는 하지만…" 다음에 나오는 것이 있다면 멈춘다. 거기에서 멈추면 비로소 보이는 것들이 있다. '아! 나의 아내가 평소와 달라서 답답했구나. 우리 아이들이 정리정돈하는 것이 익숙하지 않구나. 가족 모두가 함께하는 것도 중요하지만 가족으로서 서로 적당한 거리를 두는 것, 각자의 삶을 존중하는 것도 필요하구나' 하고 느낄 수 있다.

가족은 마치 고슴도치와 같다고 말하고 싶다. 정말 서로를 사랑하지만 너무 가까우면 가지고 있는 가시로 서로를 찌르게 된다. 적당한 거리는 가족들의 마음의 방역을 조치하는 것과 같다. 포스트 코로나 시대는 갑자기 길어진 가족과의 시간에 맞게 가족 모두 마음의 방역도 필요하다.

내 아이만
잘 키우면 된다고?

학교 미투가 터진 날

큰아이가 고3이 되고 얼마 지나지 않은 4월 초쯤에 같은 반 친구 엄마로부터 급하게 연락을 받았다. 지금 학교가 난리가 났는데 혹시 학교에 가 있는지 묻는 것이었다. 당일 행사가 있어 일찍부터 분주하게 움직이느라 전혀 외부 상황은 파악하지 못했다. 불안한 마음으로 연락한 엄마가 보내준 링크를 열어보니 '속보'라는 헤드라인을 단 채로 큰아이 학교 상황이 기사화되어 있었다. 내용은 서울의 '모 여고'에서 미투가 발생했고 관련된 선생님 두 명은 바로 귀가 조치되고 아이들은 창문에 'With You'를 붙이고 학교 측에 자신들의 의견을 내고 있다는 것이었다.

이후로도 비슷한 내용으로 수많은 기사가 올라오고 뉴스에서 다룰 정도로 이 사건은 학교 미투의 시발점이 되었다. 개인적으로 이 사건이 심각했던 이유는 미투의 당사자인 선생님이 아이 반 담임선생님이었기 때문이다. 2학년, 3학년 연속으로 아이의 담임을 맡았고, 아이가 반 회장을 하고 있어서 담임선생님과 지속적으로 연결될 일이 있었는데, 이렇게 심각한 상황이 있을 거라고는 꿈에도 생각하지 못했다.

우선 아이와 대화하고 자초지종을 들어보니 최근에 일어난 일이 아니라 졸업생이 교육청에 제보하면서 불거진 사건이었다. 사실 이 사건이 최근에 일어난 일인지 예전에 있었는지와는 상관없이 아이들이 받을 충격과 상처가 더 중요했다. 이후 한 달 정도 학교 측과 대화하고 급하게 담임선생님이 교체되고 관련된 교사들이 징계를 받으면서 사건은 일단락되었다.

당시 학교 측과의 면담에서 해당 학급의 학부모로서 요청한 것은, 이 사건을 수습하는 과정에서 아이들이 마음의 상처를 받거나 혹시라도 학생들 간에 갈등이 일어나는 일이 없도록 해달라는 것 하나였다. 아마도 학교의 위신이나 아이들 대학 입시 결과에 영향을 미칠 것에 더 신경을 썼을 학교 측으로부터 생각과는 다르게 "부모님께서 학교를 믿어주셔서 감사하다. 최선을 다하겠다"라는 답을 받았다.

잠시 동안 들었던 이기적인 생각

놀랍게도 큰아이 학교는 그해 대학 입시에서 다른 해에 비해 더 좋은 성적을 냈다. 아이 입시가 코앞인 4~5월에 사건이 터져서 학교도 어수선하고 '아이가 입시에서 최고의 결과를 내려면 아이, 학부모, 학교 이렇게 삼박자가 맞아서 노력해도 부족한데 이런 일이 왜 우리 아이 학교에서 일어났지?' 하며 당황스럽기도 하고 원망스럽기도 했다. 하필 왜 우리 아이 고3일 때 이런 일이 일어났는지, 그전이나 애 입시가 끝나고 일어나면 안 되었는지 등 아주 이기적이고 말도 안 되는 생각이 잠시 들었지만 아이를 만나서 실제 일어난 일을 듣고 보니 정신이 번쩍 들었다.

아이가 입학했을 때부터 이미 선배들로부터 소문을 들어 몇몇 선생님들에 관해 알고 있었고, 2학년 때 그 반에 배정되고 나서 내게 "나 그 반 가기 싫어"라고 말했다는 것이었다. 그제서야 기억을 상기해보니 '아이가 남자 담임을 싫어하나 보다' 하고 더 깊게 물어보지 않고 가볍게 넘겼던 것이 생각났다. 그 말을 들으니 등에서 땀이 나고 손이 떨렸다. 아이에게 "넌 어땠어?"라고 물으니 "엄마, 나 같은 애는 못 건드려"라는 의미심장한 말을 하고 방으로 들어갔다. "나는 엄마로서 자격이 없다"며 자책하던 중 남편의 조언이 다시 나를 힘이 나게 했다. "어차피 일어난 일이야. 지금 우리가 할 수 있는 일을 하자."

우리 아이만 아니면 될까?

사건을 수습하는 과정에서 아이들이 마음의 상처를 받거나 혹시라도 학생들 간에 갈등이 일어나는 일이 없도록 해달라는 요청 하나만 했던 이유는, 내 아이가 괜찮으니 다행이라고만 생각하지 않아서다. 잘잘못은 객관적으로 법이나 전문가가 따질 것이고 중요한 건 내 아이가 포함된 우리 아이들이 안전하고 안정적인 학습권과 학교 생활권을 갖는 것이다.

그렇다고 학교에서 일어나는 수많은 문제에 학부모가 모두 개입하자는 말은 아니다. 설령 그게 가능하다고 하더라도 효과적인지는 의문이다. 결국 어른들은 아이들에게 어떤 문제가 일어났을 때 그 문제로 인해 직접적인 피해를 입었거나, 또는 상처를 받은 아이들이 있는지를 세심하게 살펴야 한다. 어른들은 아이들 간에 사소하지만 갈등이 있다면 해결하기를 자처해야 하고, 아이들이 이제 됐다고 할 때까지 마음의 안정을 위해 지원을 아끼지 말아야 한다.

조용하고 소심한 아이, 자존감이 낮은 아이, 가정에 불화가 있는 아이, 그리고 선생님의 생기부 한 줄이 정말 중요한 아이 등 약자의 입장에 서 있는 아이들에 대한 관심이 필요한 것이다. 사회에서는 약자에 대한 폭력이 버젓이 일어나고 있다. 그 시기가 요즘이든 아니면 옛날이든 상관없이 중요한 건 우리 기성세대가 만든 사회라는 판에 우리 아이들이 원하든 원하지 않든 발 딛고

서 있다는 것이다. 그 판이 어떤지, 좀 더 관심을 기울일 필요가 있다.

비만 인구가 늘어가는 한국 사회에서도 아직도 점심을 굶는 아이가 있고, 생리대를 사지 못해서 신발 깔창에 휴지를 대고 사용하는 여자 아이가 있고, 가정이나 학교에서의 폭력으로 일상생활이 무너진 아이도 있다. 수능이 끝나면 성적 비관 자살 보도가 어김없이 나온다. 다양한 이유로 우리나라에서는 하루에 38명 가까운 사람들이 자신의 목숨을 스스로 버린다. 그중에는 아이들이 많다. 세상의 문제들을 해결할 수도 없고, 그럴 능력도 안 되지만, 이렇게 생각하면서 살 수는 있을 거다. '내가 하고 있는 것들이 내 아이만이 아니라 우리 다음 세대에 기여하는 일인가? 아니면 그 아이들을 해치는 일인가?' 하고 말이다. "나 같은 애는 못 건드려"라는 말에 그저 안도하고 있으면 안 된다. 내 아이만 잘 키운다고 아이가 사는 세상이 저절로 좋은 세상이 되는 건 아니기 때문이다.

아이들은 자연스럽게 연대했다

학교 징계 절차는 생각보다 시간이 오래 걸렸다. 거의 일 년 동안 교육청 감사에, 관련자 재판에 학교가 조용할 날이 없었다. 담임선생님도 갑자기 바뀌어서 적응 기간이 필요했고, 그 시기

반회장을 맡고 있던 아이도 분주하게 학교생활을 하고 있었다. 어느 날 아이가 서류 봉투를 하나 내밀었다. '탄원서'였다. 크고 작은 징계를 받는 20여 명의 선생님들 중에 아이들의 상담을 맡았던 분에 대한 탄원서였는데, 아이들이 생각하기에 잘못이 없다고 판단되는 선생님을 위한 것이었다.

이제 좀 잠잠해진다고 생각하고 마음의 안정을 찾나 싶었는데, 아이가 탄원서 서명에 앞장서고 있었다. "괜찮겠어? 너희들의 의견이 반영되지 않을 수 있어. 네가 꼭 나서서 해야겠어?"라고 걱정하는 나에게 아이는 "징계에 반영되지 않아도 상관없어. 그 선생님이 잘못하지 않았다는 걸 학교 측에서 아는 게 중요해. 그리고 내가 아니면 누가 해?"라는 답을 했다.

맞다. 그동안 결과보다는 과정이, 나보다는 타인에게 더 관심을 갖는 것이 중요하다고 말해놓고 막상 내 아이의 상황이 되니 생각과는 다르게 말이 나왔다. 아이는 크든 작든 부당함에 소리치고 있었다. 다른 사람과 함께할 때 힘이 생기는 것을 알고, 스스로를 지킬 줄 아는 아이로 성장한 것 같아 뿌듯했다.

강의할 때 기사나 통계를 보여주며 지금 아이들의 어려움, 고통에 대해 생각해보는 시간이 있다. 그때 가끔 이런 피드백을 받는다. "내 애나 잘 키우려고요. 다른 애들이 어떻게 크는지는, 거기까지는 신경 못 써요." 맞는 말일 수 있다. 대한민국 부모들 모두가 내 애만이라도 잘 키우면 모든 아이들이 잘 클 것 같다. 하지만 그건 착각이다. '내 아이를 잘 키우는 것'에 대한 기준이 모두 다르기 때문이다. 좋은 대학 보내겠다고 아이들에게 중간·기말고사 답안지를 외우게 해서 1등 하게 한 부모도, 기죽지 말라고 부족함 없이 키웠더니 나이든 운전기사에게 폭언한 초등학생의 부모도, 술 먹고 운전하다가 사고를 내고 운전자를 다른 사람으로 바꿔치기한 자녀의 부모도 내 자식만 잘 키우려고 했던 부모들일 것이다.

이렇게 극단적이지 않더라도 결국 내 아이만 잘 키우고 사회가 썩어 있으면 그 썩은 물에 내 아이는 잠기게 마련이다. '어쩔 수 없지 않나? 사회가 그런데?'라고 생각했다면 그 사회를 누가 그렇게 만들었는지를 성찰해보자. 지금부터 대상을 '내 아이'가 아니라 '우리 아이들'로 넓혀보자. 다음 세대 우리 아이들이 살아가는 세상의 안전, 평화, 공정, 평등, 정의 등에 브레이크가 걸린다면 지나치지 말고 멈추자. 그게 내 아이가 행복하게 살 수 있는 유일한 방법이다.

'저녁이 있는 삶'에 무엇을 할 것인가?

미처 준비하지 못한 '저녁이 있는 삶'

남편이 한참 일이 많던 30대 후반 시절에는 가족이 저녁을 함께 먹었던 기억이 그다지 없다. 일주일 내내 퇴근 시간이 10시 정도였는데, 남편은 항상 지하철에서 내리면서 내게 문자를 했다. "지금 내렸어. 라면 물 좀 올려놔줘." 지하철에서 내려서 아파트까지 걸어오는 시간은 약 5분 정도 되는데 점심을 12시에 먹고 그 시간까지 저녁도 안 먹고 일을 했으니 배가 너무 고팠던 거다. 스트레스 받으면 자극적인 것이 먹고 싶은 게 인지상정인지, 다른 건 필요 없고 도착하면 바로 먹을 수 있도록 꼭 라면 물을 올려달라고 했다. 4년 정도 그런 세월을 보냈는데 그 시기에 남편의 건강이 많이 안 좋아졌다.

가끔은 9시 전에 퇴근할 때도 있었다. 지금은 뉴스 시간이 좀 빨라졌지만 그때만 해도 모든 뉴스가 9시에 시작했는데, 한번은 저녁을 먹기 시작할 때 뉴스 시작을 알리는 음악을 듣더니 남편이 자조 섞인 말투로 이렇게 말했다. "아, 이렇게 매일 저 소리 들으면서 저녁 먹고 싶다." 그 말을 들으니 가엾기도 하고 남편 건강이 걱정도 되었지만, 그 시기에는 나도 경력 단절을 겪으면서 주부로 생활을 하다 보니 내가 힘든 것만 보여서 남편이 힘든 건 보이지 않았다. 나 또한 '일주일에 한 번만이라도 남편이 일찍 퇴근해서 같이 저녁도 준비하고 아이와 함께 저녁 시간을 보냈으면' 하는 바람에 이직을 권하기도 했었던 것 같다.

아직 저마다 일하는 여건이 다르고 처한 환경이 다르겠지만, 이제 법으로도 노동 시간을 최대 주 52시간 근무로 강제하고 있고 그에 따른 조직 문화도 많이 변화해서 일터에서 있는 시간이 줄어든 반면, 퇴근 후 가족과 함께하는 시간이 늘어나면서 '9시 뉴스를 보면서 저녁을 먹고 싶다'라는 바람은 이미 이루어졌다.

하지만 우리가 그렇게 원하던 '저녁이 있는 삶'에 다가왔는데 여기저기 갈등과 잡음이 생겨난 이유는 뭘까? 아마 우리가 '저녁이 있는 삶'을 미처 잘 준비하기도 전에 코로나19로 인해 갑자스럽게 다가왔기 때문일 것이다. 세계적인 팬데믹 상황을 준비했든 그리하지 않았든 이제 우리의 삶에서 중요한 것은, '가족과 함께하는 시간에 무엇을 할 것인가?'이다.

가족회의를 해보다

현관문을 열었더니 바닥에 신발이 여기저기 흩어져 있어서 내 신발을 벗어놓을 데가 없다. 아이들은 아빠가 오든 말든 각자 할 일을 하다가 마지못해 인사하고 방으로 들어가버린다. 아내는 저녁을 준비하는 건지 부엌에서 분주하게 움직이는데 별다른 음식은 아닌 것 같고, 여기저기 벗어놓은 아내 옷가지를 주섬주섬 줍다가 짜증이 올라왔다. '대체 이 집에는 제자리에 있는 게 하나도 없네.' 식탁에서 밥을 먹으면서도 각자의 휴대폰을 들여다보고 있는 가족을 한참 쳐다보다가 문득 생각이 났다. '아, 가족회의!'

아주 심각한 얼굴로 가족들에게 말했다. "자, 우리 밥 먹고 다 같이 가족회의를 해보자. 내가 요 며칠 일찍 와서 계속 지켜봤는데, 이대로는 안 되겠다." 다른 가족들의 얼굴이 굳어졌다. 아내는 "그런 거 꼭 해야 해?"라고 말하고, 아들은 "저 숙제해야 해요. 시간 없어요"라고 말한다. 딸은 "아빠 왜 안 하던 거 하려고 해? 난 별로야"라고 한다. 가족들의 의외의 반항(?)에 아빠의 인내는 무너지고 만다. "아니, 내가 나만 좋자고 하자는 거야? 이놈의 집구석에는 내 편이 하나도 없네. 됐다. 다 때려치워!"

강의 때 '가족회의'를 숙제로 많이 내준다. 학습자 한 분이 집에 가서 시도해봤다고 아주 구체적인 상황을 그린 이메일을 보내왔다. 그분은 "제가 하고 싶어도 뭐든 가족의 협조가 있어야 하는데 저만 열심히 한다고 가능할까요? 우리 가족은 뭘 해도 하기 싫다고 해요. 이럴 때 어떻게 해야 해요?" 하고 질문했다.

나는 먼저 자신의 삶에 적용해본 학습자를 칭찬했다. 검사를 하는 숙제가 아님에도 불구하고 적용해보려고 했다는 것을 인정할 수밖에 없었다. 그리고 솔직하게 말해드렸다. "갑자기 가족들과 함께 있는 시간이 많아졌는데 처음부터 끝까지 불평과 불만 그리고 남 탓을 하고 있다면 남은 가족들은 더 이상 아빠와 대화하고 싶지 않을 거예요. 그리고 한번 꺼내본 의견에 대해 가족들이 기다렸다는 듯이 긍정적인 반응을 하기는 어려워요. 우리는 늘 익숙한 것이 편하고 그것을 추구해요. 낯선 제안에 대해 우선은 부정적인 반응을 하기 마련이에요. 그런 반응에 좌절하지 말아야 해요. 가족들의 반응을 그럴 수 있다고 인정하고 지속적인 제안이 필요해요."

그리고 가족에게 이렇게 말해보라고 조언 드렸다. "맞아. 안 하던 거 하려니까 이상할 거야. 그런데 우리 이제 함께하는 시간이 많아진 만큼 서로가 지켜야 할 룰이나 가족 간의 원칙 같은 거 세웠으면 좋겠어. 거창하게 가족회의지 그냥 우리 가족이 함께 모여서 잠시 대화를 하고 맛있는 것도 먹는 좋은 시간일 거야. 너희들이 편한 시간 알려주면 조정해볼게. 아빠도 낯설지만 한번 해보려고. 어때?" 이렇게 말하는 아빠의 면전 앞에서, 차마 하기 싫다고 대번에 거절하는 가족은 없을 것이다.

이 외에도 하지 말아야 할 것은 많다. 갑자기 서로의 영역을 침범해서 안 하던 잔소리하기, 각자의 시간 침범하기, 소파와 한 몸 되기 등이다. 가족 간에 관심과 사랑은 남기고 집착과 간섭은 버리는 연습이 필요하다. 가족은 난로와 같다. 적당한 거리는 따뜻함을 주지만 너무 가까이 가면 타버린다. 가장 가까운 사람에게 상처를 가장 많이 받는 경우가 많다.

피포 페인팅을 시작하다

코로나19로 외부 활동도 많이 줄어들고 대면 수업보다는 온라인 수업으로 전환되면서 아이들과 함께하는 시간이 지속되었다. 가족 모두가 함께 있는 시간이 상대적으로 많아지면서 여유 시간을 어떻게 보내야 할지 매일이 도전이었다. 갑자기 생긴 아이들과 함께하는 시간을 어떻게 하면 효과적으로 보낼지, 유익하게 쓸지 고민이 되었지만 나갈 수도 여행을 갈 수도 없는 상황에 집에서 할 수 있는 정말 다양한 시도를 한 것 같다. 그동안 해보고 싶었던 요리도 검색해서 만들어보고, 온라인에서 유행한다는 달고나 커피를 몇 시간씩 만들어보기도 하고, 심지어는 큰아이가 어렸을 때 잠시 하고 아주 깊숙이 넣어두었던 '전 세계 땅 사기' 게임을 하면서 무료한 시간을 보냈다.

곧 끝날 줄 알았던 코로나19 상황은 장기화되고 그동안 시간을 때우며 했던 것들도 지겨워져 몸을 뒤틀고 있던 때에 둘째 아이의 제안으로 '피포 페인팅(pipo painting)'을 시작했다.

그림을 그리는 것에 영 소질이 없었던 나는 처음에는 흥미가 없었는데, 유명한 명화에 주어진 숫자에 맞는 색깔을 칠하고 나면, 멀리서 보면 그럴 듯한 작품이 되었다. 처음에는 하나 정도 해보려고 했는데 두 아이와 같이 하다 보니 어느덧 다섯 개를 완성하게 되었다. 매일 각자 편한 시간에, 또는 같이 색칠하다 보니 하나를 완성하는 데 일주일 정도 걸리고 다섯 개를 완성하고 나니 몇 달이 훌쩍 지나갔다. 완성본을 집안에 걸어놓으니 뭔가 하나를 해낸 것 같은 뿌듯함이 생겼고 더욱이 아이들과 함께한 결과물이라 더 애착이 갔다.

처음에는 단순히 심심하고 무료한 시간을 때우려는 의도로 시작한 것이었는데 이 작업을 하면서 소중한 경험을 했다. 그동안 몰랐던 아이들 성향을 새롭게 볼 수 있는 시간이었다. 상대적으로 좀 이기적이라고 생각했던 큰애는 상대를 배려할 줄 알았다. 내가 한 번 색칠하고 귀찮아서 두었던 공간을 모두 찾아서 아주 꼼꼼하게 덧칠해놓고 다음번에도 본인이 한다고 걱정 말라고 어른스럽게 말했다. 집중력이 부족하다고 생각했던 둘째는 의외로 앉으면 일어날 줄 몰랐다. 다른 과목을 공부할 때와는 다른 모습을 보였다. 자신이 관심 있고 좋아하는 분야는 저렇게 놀라운 집중력을 보인다는 것이 신기하기도 했다. 사실 이런 활동에 대해 큰 기대감은 없었는데 함께하다 보니까 아이들의 관심사도 들을 수 있고, 몰랐던 성향도 보여서 엄마인 내게는 말 그대로 일석이조의 시간이었다. 아이러니하게도 코로나19의 긍정적인 면을 발견한 시간이었다.

가족들과 함께하는 시간에 꼭 어떤 것을 해야 하거나 뭔가를 만들어낼 필요는 없다. 다만 모였다 흩어지는 것을 반복할 때 가족 구성원의 모든 의견을 조율하고 존중하는 것이 필요하다. 누구 한 사람의 주장으로 모두가 움직이는 것은 또 다른 갈등을 유발할 수 있다. 가족들도 사회에서 만나는 사람들처럼 존중하는 대화가 필요하다. '가족에게까지 그래야 하나?'라는 의문이 있을 수 있다. 가족이니까 그렇다. 가까운 사람과의 대화가 더 마음에 깊게 남고 더 큰 상처로 돌아올 수 있다. '꼭 말로 해야 하나?'라고 생각할 수도 있다. 물론 말로 해야 안다. 말하지 않고 듣지 않는다면 어떻게 상대의 마음을 알 수 있는가? 독심술이 있는 것도 아니고 말이다.

주말이든 주중이든 예전보다는 많아진 가족과 함께하는 시간 동안 갑자기 큰 변화를 꾀하는 것보다 하나씩 차근차근 해보는 것은 어떨까? 그리하기 위해서는 아빠부터 행동하는 모습을 보여주는 것도 효과적이다. 가족 모두가 공동의 집안일을 함께하고 개인의 영역은 확실하게 지켜주는 일도 필요하다. 아이들이 어리다면 더욱 좋은 기회다.

아이들이 스스로 할 수 있는 가족 공동의 일을 정하고 지지해 줌으로써 가족 모두가 함께하는 즐거움을 맛볼 수 있을 것이다. "위기가 기회다"라는 어쩌면 진부하지만 중요한 말처럼, 코로나 19 시대에 위기를 가족이 똘똘 뭉칠 수 있는, 서로를 진정으로 이해할 수 있는 기회로 만들 수 있다.

워라밸을 위해 서로를 지원하는 환경 만들기

일터에서는 카드회사 이 대리처럼

2021년 한 해 동안 방영된 MBC 예능 프로그램 〈아무튼 출근!〉을 가족과 함께 즐겨 봤다. 다양한 직군에 근무하는 사람들이 나와서 자신들의 '밥벌이'를 소개하는 프로그램인데 인턴을 하고 있던 큰아이와 공감대가 형성돼서 그런지 보는 재미가 쏠쏠했다. 그중 화제가 되었던 'OO카드회사 이 대리' 편을 워라밸 강의 때도, 지인들과 대화할 때도 종종 언급한다.

'자유로운 영혼'으로 소개된 이 대리는 통통 튀고 자유분방한 스타일과 뛰어난 업무 능력으로 주목을 받았다. 이 대리가 시청자들의 부러움을 산 이유는, 안식월을 사용해서 제주도 한 달 살기를 하는 영상 때문이었다. 회사의 복지제도 중 하나인, 5년 만에 한 달씩 사용할 수 있는 안식월을 처음 사용하는 이 대리는 혼자 제주도 한 달 살기를 선택했다. 떠나기 전 자신이 하고 있는 업무를 다른 사람들에게 인수인계하고, 아내와 자녀와 인사하고 혼자 제주도로 떠나는 모습이 그려졌을 때는 스튜디오에 나와 있는 패널들까지 그 부러움이 정점에 이르렀다. 좀 더 구체적으로 살펴보니 이 대리의 전적(?)이 화려했다. 남성 육아휴직으로 동기보다 승진이 늦어져서 대리 직급을 아직 달고 있었지만, 다시 돌아간다고 해도 똑같은 선택을 하겠다고 단호하게 말하는 이 대리의 당당함을 많은 사람들은 부러워했다.

사실 내가 강의 때 활용하는 주요 부분은 이 내용은 아니다. 이 부분은 간략하게 정리만 하고 가장 중요하게 하고 싶은 말은 그다음이다. 한 달 동안 제주도로 안식월을 다녀온 후 그 회사 문화가 달라졌다. 안식월 대상자 중 신청자가 줄지어 있다는 것이다. 심지어 한 번도 안식월을 사용해보지 않은 이 대리의 상사도 안식월을 신청해놓고 있었다.

물론 각자의 일터가 처한 환경은 다를 것이다. 꼭 한 달을 쉬어야 한다는 말도 아니다. '말이 그렇지 남성이 육아휴직하고 오면 자리가 있겠어? 이렇게 일이 많은데 한 달을 어떻게 쉬어? 다 배부른 소리지' 하며 부러워만 하고 체념하고 있다면 기회는 영영 사라진다. 자신의 일터에 맞게 가족과 함께할 수 있고 자신을 성장시킬 수 있는 크고 작은 변화를 만들고 환경을 조성하는 것이 필요하다. 다만 이 모든 것은 내가 일터에 돌아갔을 때 일의 능률을 높이고 생산성을 향상시키기 위한 것, 즉 개인과 조직이 함께 성장할 수 있는 것이어야 한다. 그리하기 위해서는 뭐든 먼저 행동하는 것이 중요하다. 또, 만약 나보다 먼저 행동한 사람이 있다면 그 사람을 지지하고 힘을 보태는 것이 중요하다. 아무도 행동하지 않고 아무도 함께하지 않으면 아무런 일도 일어나지 않는다.

이제부터 맞돌봄, 맞살림을 실천하자!

'맞벌이'라는 말은 익숙한데 '맞돌봄, 맞살림'이라는 말은 생소하고 어색할 수도 있겠다. 유배우자 가정 중에 맞벌이는 절반을 차지하고 있는데 돌봄과 살림은 전체적으로 보면 여성 대 남성이 7:3이고 이는 맞벌이와 외벌이가 큰 차이를 보이지 않고 있다.

특히 맞벌이 남성과 여성의 가사 노동 시간을 보면 2014년에 남성은 41분, 여성은 193분인데 2019년 조사에서도 남성은 54분, 여성은 187분으로 남성은 13분 증가하고 여성은 6분 감소하는 것에 그쳤다. 아직까지 맞벌이를 하는 가정에서 돌봄과 살림이 여성의 몫으로 규정지어져 있다는 것을 볼 수 있다(통계청 '생활시간조사', 2020).

그렇다면 일터는 어떨까? 남성의 경우 육아휴직자가 2019년

대비 2020년에는 23%가 증가했으며 특히 우선지원대상기업(중소기업) 소속 남성의 경우 육아휴직자는 2019년 대비 2020년에는 30.6% 상승하여 전체 상승폭을 크게 웃돌았다(대한민국 정책브리핑 홈페이지 참조, 2020). 이제 더 이상 남성 육아휴직이 먼 나라 이야기가 아니고 현재 우리 시대의 담론이다.

시대가 변화하고 있는데, 맞벌이처럼 맞돌봄과 맞살림이 자연스럽게 받아들여지지 않는 이유는 뭘까? 첫째, 육아와 살림의 고충이 다르다. 워킹맘은 힘들고, 워킹대디는 어렵다. 둘째, 돌봄과 살림을 대하는 태도가 다르다. 워킹맘은 내가 하는 게 편하고, 워킹대디는 부모 세대보다는 낫고, 할 만큼 하고 있다고 생각한다. 마지막으로 성역할에 따른 고정관념, 사회적인 편견이 존재한다. 일과 육아를 동시에 잘하고 싶은 워킹맘은 주요 업무에서 배제되거나, 일터에서나 자녀에게나 늘 죄책감에 사로잡혀 있다. 육아와 일을 모두 잘하고 싶은 워킹대디는 오히려 유난스럽다는 평을 받는다.

그렇다면 맞돌봄과 맞살림을 위해 워킹대디로서 어떤 준비와 노력이 필요할까? 우선, 생각을 좀 바꿔본다. 돌봄이 어려운 이유는 양육의 주체가 엄마라는 생각 때문일지도 모른다. 엄마는 주 양육자, 아빠는 부 양육자라는 프레임에서 나와보는 건 어떨까? 아이를 양육하는 데에 주와 부가 있을 수 있나? 공동양육자라는 생각을 한번 가져보자. 부모 세대보다는 물론 더 노력하고 있고 잘하고 있다. 하지만 외벌이가 지배적이었던 부모 세대와 지금의 변화된 세대를 비교하는 것은 올바르지 않을 수 있다. 그리고 사회적인 편견은 단시일 내에 깨지기 어렵겠지만 함께 연대하고 변화를 만들어간다면 가능하지 않을까? 아이를 키우는 것은 단순히 가정의 문제만이 아니라 훌륭한 사회구성원을 길러내는 것이고 이것은 사회 변화의 원동력을 양성해내는 것이다.

맞살림의 기초는 단순함이다. 요즘 유행하고 있는 미니멀 라이프를 추구하는 것이 예가 될 수 있다. 살림살이가 많으면 그만큼 집안일의 양과 범위가 늘어난다는 것이다. 가족들과 대화하고 협의해서 집안일의 목록을 만들고 그것을 할 수 있는 사람을 정해본다. 아이가 어려도 그 나이에 할 수 있는 집안일은 정말 무궁무진하다. 물론 맞살림을 한다고 아내와 남편이 집안일을 꼭 반반씩 나눠야 한다는 의미는 아니다. 가끔 예비부부는 반반의 늪에 빠지기도 한다. 평등한 결혼 생활을 위해 결혼 전에 육아와 살림을 반반으로 나눈다. 예를 들면, 아내는 식사와 빨래, 남편은 쓰레기 처리와 청소 등 각자의 역할을 정하고 그 역할만 충실하게 한다.

그런데 여기에 맹점이 있다. 예외적인 상황에 대처하는 것에 대해서는 미리 의논하지 않는다는 것이다. 어느 프로그램에서 울고 있는 아이를 달래고 있는 아내에게 자신이 맡은 쓰레기 처리를 다 했으니 저녁을 내놓으라고 떼를 쓰는 남편의 모습이 나왔다. 물론 약간의 과장은 있었겠지만 보기 불편했다. 맞살림을 위해 살림 리스트를 만들고 나눈다는 것은 자신이 맡은 분야에 책임을 진다는 것이지 그 외의 것은 안 한다는 말이 아니다. 중요한 건 책임을 가지고 함께하는 것이다. 마치 일을 할 때 PM(project manager)의 역할을 하는 것과 같다. 집안일도 하나의 일이다. 다만 집에서 하는 일이라 '집안일'이라고 하는 것뿐이다. 그 일이 일터에서 하는 일보다 사소하지도 가볍지도 않다. 오늘부터 가족 모두가 자신이 원하는 집안일에 PM을 맡아보는 건 어떨까?

주도적으로 살아야 주도적인 공부도 가능하다

부모 교육을 하다 보면 부모들이 가장 궁금해하는 것을 다루기 마련이다. 다양한 영역이 있지만 아이들의 학습에 관한 궁금증이 가장 많다. 자녀의 나이와는 상관없이 아이들이 어떻게 하면 부모의 간섭과 도움 없이 스스로 공부할 수 있는지가 관심사다. 나는 질문에 대한 답을 하기 전에 반드시 아이에 대해 먼저 물어본다. "부모님이 생각하시기에 자녀가 자기 주도적인 삶을 살고 있다고 생각하시나요?" 아침에 스스로 일어나는지, 자신의 방은 자신이 청소하는지 등 말이다. 집에서 자신의 영역은 자신이 스스로 할 수 있는지를 먼저 묻는다. 더 나아가 가족의 공동의 일도 함께해야 한다. 가족의 일원으로 공동의 일을 하는 것은 가정에서부터 상대를 배려하고 사회성을 기르는 연습이 될 것이다.

자신의 시간과 공간을 스스로 관리하고 공동체의 룰을 지키는 훈련을 가정 내에서 하지 않으면 어디서 할 수 있을까? 가정은 그러한 연습을 하기에 최적의 공간이며 효과적인 구조다. 다만 '연습'이라는 말에 집중해야 한다. 처음부터 잘하는 아이는 드물고, 여러 번 시행착오가 있을 수 있다. 특히 가족 공동의 일을 하는 데 있어서 자녀가 할 수 있을 것 같은 일을 배정했을 때 결과가 만족스럽지 않을 수 있다. 이때 부모의 역할이 정말 중요하다. 결과가 만족스럽지 않다면 어떤 부분이 부족한지 대화하고 다른 일로 변경해본다. 관대함과 인내심을 가지고 자녀의 성장을 지원해야 한다.

자녀가 자신의 일을 스스로 하겠다고 처음 나섰을 때 못 미더울 수도 있고 답답할 수도 있다. 빨리 나가야 하는데 운동화 끈을 자신이 묶겠다고 하거나, 자신의 옷을 자신이 갠다고 하는데 부모의 마음에 안 들을 수도 있다. 부모가 하면 빨리 잘할 수 있는데 아이가 한다고 해서 시간도 걸리고 결과도 만족스럽지 않을 수 있다. 하지만 조금 멀리 보자. 언제까지 부모가 자녀 뒤를 쫓아다니면서 다 해줄 수는 없다. 특히 자녀가 어렸을 때 이 훈련이 잘되어 있어야 성장하면서 자연스럽게 받아들일 수 있다. 어렸을 때는 하나부터 열까지 부모가 다 해주다가 부모의 판단에 어느 정도 성장했다고 생각해서 그때부터 스스로 하기를 바란다면 그것도 자녀에게는 어려움이 있다.

한 다큐 프로그램에서 영국의 여덟 살과 한국의 여덟 살을 비교해서 보여준 장면이 생각난다. 영국 아이는 아침에 학교 가기 전까지 부모의 도움이 거의 없다. 심지어 동생을 챙기기도 했다. 반면, 한국의 여덟 살 아이는 기상부터 양치 등 모든 생활에 부모의 개입이 있었다. 무엇이 더 좋고 나쁘고의 문제는 아니다. 무엇이 효과적인 것인가의 문제다. 아이들은 가정에서 생각보다 정말 많은 것을 학습하고 모방하고 습관을 형성한다. 그 기회를 부모는 놓치지 말아야 한다. 자기 주도적 학습은 자기 주도적 삶을 살 때 가능하다.

일터와 가정에서
MZ세대와 잘 지내는 방법

요즘 아이들이 싫어하는 단어

"난 저런 말이 제일 싫더라!" 뉴스에서 나온 내용을 듣고 10대인 둘째가 한 말이다. 솔직히 그다지 뉴스에서 아이들 교육에 도움이 되는 내용은 없지만, 아이들의 생각을 가장 빠르고 쉽게 알기 위해서 의식적으로 뉴스를 같이 본다. 사회적인 이슈에 대한 생각을 각 잡고 물어보는 것은 요즘 아이들이 가장 싫어하는 것이다. 그리고 일부러 그런 시간을 만들기에는 부모나 자식이나 각자 너무 바쁘다. 그래서 뉴스를 활용하곤 한다.

"그래? 왜?"라고 물으니, 평소 한 단어로만 대답했던 사춘기 딸아이가 그동안 쌓인 감정이 많았는지 자신의 생각을 쏟아냈다. "웃기잖아. MZ세대가 이렇다 저렇다 하는데 다 그렇지는 않잖아. 난 그렇지 않은데 자꾸 어른들이 MZ세대가 이렇다 그러니까, 그렇지 않은 내가 이상한 것 같고." "뭐가 제일 불편한데?" "딱히 뭐라고 말하기는 그런데 암튼 나랑은 안 맞아."

둘째의 심기를 건드린 내용이 무엇인지 정확하게 잡아내지는 못했지만, 아이의 말이 틀린 말도 아닌 것 같다. 사실 요즘 세대를 구분할 때 사용하는 'MZ세대'라는 용어는 한국에만 있는 것이라고 한다. 밀레니얼 세대(1980년대 초~1990년대 중반 출생)와 Z세대(1990년대 중반~2000년대 중반)를 합친 세대로 만약 이대로라면 위로는 40대부터 아래로는 10대 후반까지다. 실제로 20년 이상 차이가 난다. 참고로 미국에서는 밀레니얼 세대를 Generation Y(1980~1995년생)라 하고 그 이후 세대를 Generation Z(1996~2009년생), Generation Alpha(2010년~)라 한다. 아무튼 이들을 하나로 묶어서 파악하고 맞춘다는 핑계로 하나로 규정짓고 그 잣대를 들이대는 것은 불필요하다.

그렇다면 왜 이렇게 이들을 묶고, 분석하고, 이해하고, 맞추려고 했을까? 아무래도 이건 조직에서 나타나는 세대별 갈등과 깊이 연관되어 있다. 밀레니얼 세대 이후의 세대가 조직에서 많아지면서 그 이전 세대들이 아마도 놀라움과 다름을 경험했을 것이다. 조직보다는 개인에 집중하고, 가족을 중시하고, 성공보다는 성장에 관심이 있다. 이러한 변화를 사실 그 이전 세대도 원했을 수 있지만, 감히 드러내거나 주류가 되어서 행동할 수 없었다. 그런데 이제 눈치보지 않고 말하고 행동하는 세대가 조직에 많아진 것이다. 또한 이 세대들을 일터에서만 보는 것이 아니라 가정에서도 본다. 일터에서 만나는 이해가 어려운 세대를 가정에서도 똑같이 만나고 있는 것이다. 그렇다면 결론은 그들을 이해하고 맞추려고 노력해야 하는 세대는 기성세대라고 볼 수 있다. MZ세대 구분이 불편한 사람도 있을 수 있지만 결국 세대 구분으로나마 그 세대를 이해하고 갈등을 해결하고 싶은 노력을 긍정적으로 바라보는 건 어떨까?

상대를 알고자 하는 마음

MZ세대 대표격인 90년생들의 특징을 잘 정리해놓은 책 《90년생이 온다》(임홍택, 웨일북, 2018)는 베스트셀러이기도 하고 조직문화를 강의할 때 참고가 될 것 같아 읽어보았다. 아마도 이 책의 저자는 이 책이 이렇게 큰 반향을 일으킬지 몰랐을 것 같다. 90년생의 특성을 잘 파악했고 무엇보다도 책 제목도, 내용도 시의적절했다.

이 책이 베스트셀러가 된 이유는, 조직에 새롭게 나타난 이들을 너무나 알고 싶고 이해하고 싶고 나아가서 그들과 잘 지내고 싶은 사람들의 열망이 크기 때문이라고 생각한다. 상대에 대해 알려고 한다는 것은 이해하려고 하는 것이고, 이해하려고 한다는 것은 함께하려고 하는 것이기에 긍정적이다. 다만, "90년생은 이래", "MZ세대는 이래"라는 단정만 짓지 않는다면 좋은 시도다.

이들에게는 다양한 특성이 있지만, 나는 일터와 가족 커뮤니케이션에 관심이 있어서 그런지 이들의 커뮤니케이션 방법에 호기심이 많다. 줄임말, 은어, 의미 없는 단어의 나열, 솔직함 등 지금까지와는 다른 커뮤니케이션을 일터와 가정에서 사용하고 있다. 이들의 말을 알아듣지 못했을 때, 아니면 잘못되었거나 수준이 낮다고 치부했을 때, 솔직하게 말하는 것을 생각 없이 말한다고 여겼을 때 이들과의 커뮤니케이션은 단절된다.

그렇다고 이들의 언어를 모두 습득해야 한다거나 솔직함이 무조건 최고라는 말은 아니다. 다만 이들이 왜 기성세대와 다른 언어를 쓰고 있는지를 알아야 한다. 다양한 이유가 있겠지만 기성세대 문화, 구조, 사고방식에 대한 반감이다. 요점 없는 긴 문장, 반복적이고 받아들일 수 없는 요청, 답정너(답은 정해져 있고 너는 대답만 하면 돼 마인드), 나만 옳고 다른 사람은 틀린 꼰대 사고 등. 일터에서든 가정에서든 기성세대가 보여주는 이런 커뮤니케이션에 대한 저항이다.

이들과 잘 지내려면 그저 인정하면 된다. 그럴 수 있다고 말이다. 모르면 물어보면 된다. 무슨 말인지 설명해줄 수 있냐고 말이다. 그런 노력은 없이 "잘못되었다, 문제가 있다"라고 지적만 한다면 아무런 가능성이 없다. 그리고 이 세대가 가지고 있는 장점을 찾아내고 적용하면 된다. 그게 더 효과적이다.

한참 핸드폰을 보고 있는 둘째 아이에게 남편이 "방학인데 책 좀 읽어야 하지 않을까?"라고 했더니 아이가 "어쩔티비"라고 답했다. 당황한 남편이 나를 보며 복화술처럼 물었다. "무슨 말이야?" 나는 웃으면서 통역했다. "'어쩌라고'야. 건드리지 마."

나의 세대와 다른 세대의 관계성

《70년대생이 운다》(박중근, EBS BOOKS, 2020)라는 책은 제목부터 동일 세대인 나에게 공감을 주었다. X세대로 일컬어지는 70년대생들이 사회에서 리더의 자리에 있게 되면서 그들이 조직에서 겪는 어려움, 과중한 책임감 그리고 심리적 고뇌 등을 담았는데 특히 조직에 포진된 새로운 세대, 90년대생과의 관계에 초점을 맞춘 것이 흥미로웠다.

사실 모두 그렇지는 않겠지만 X세대, 베이비부머 세대는 소위 낀 세대라 불리고, 위로는 부모를 부양해야 하고 아래로는 자녀에게 기댈 수 없는 불행한 세대이기도 하다. 집 밖에서는 무슨 말만 하면 '꼰대' 소리를 듣고 여기저기서 상처받고 집에서는 가족과 함께 있어도 외로움을 경험하는 세대이기도 하다. 대학에서 배운 지식과 정보만 가지고도 그동안 얼추 먹고 살았는데 이제는 변화가 너무 빨라서 그 변화를 쫓아가다가 숨을 헐떡이는 세대이기도 하다. 위의 세대처럼 리더가 되면 최소한 앞에서는 존경받을 거라 생각했는데 그마저도 없다. 젊은 친구들과 교감하고 소통하려고 요즘 유행한다는 '챌린지'도 해보고, 안무도 따라 해봤지만 반응은 싸늘하다 못해 차갑기만 하다. 이러한 차가운 공기로 인해 자괴감이 밀려올 지경이다.

집에서 가족들 눈 맞추고 대화한 적이 언제인지 기억도 없다. 큰 맘 먹고 가족 모두 외식을 가도 모두 고개 숙이고 핸드폰만 쳐다본다. "이럴 거면 왜 같이 밥을 먹는지 모르겠다"라고 했더니 아내가 웃으며 말한다. 아이들이 같이 와준 것만으로도 고마워해야 한다고 말이다. 쓸쓸한 마음에 아무 대가 없이 반겨주는 반려동물에게 정을 주고, 내면의 가치를 살찌우는 것 대신에 주식이니 코인이니 부동산이니 외형의 가치를 증식하는 데 집중하며 헛헛한 마음을 달래보는지도 모르겠다. 'MZ세대'인지 '뭔지세대'인지, 이제는 그들이 두렵고 함께하기 힘든 지경에 이르렀다.

인간관계에서 재미있는 건 나만 두려운 줄 알았는데 상대도 두려워한다는 것이다. 우리 세대만 힘든 줄 알았는데, 강해 보이고 제멋대로인 것 같은 세대도 힘들고 두렵고 의지할 곳이 필요하다는 것이다. 여기에서부터 시작하면 된다. 이들을 나무라고 못마땅해하는 것 대신에 이 세대가 겪고 있는 어려움, 고민, 요청에 귀 기울이면 된다. 겉으로는 당당하고 다가오지 말라고 벽을 치는 것 같아도 이들도 도움이 필요하고, 기성세대 성공의 암

묵지가 궁금하고, 앞으로 함께 성장하고 함께 살아가고 싶은 열망이 누구보다 많다.

집 안팎으로 세대 갈등이 심각하다. 젊은 세대는 기성세대에게 "고리타분하다, 꼰대다, 변화가 없다"고 하고, 기성세대는 젊은 세대에게 "가볍다, 이기적이다, 열정이 없다"고 한다. 뭐가 맞는지는 중요하지 않다. 이렇게 계속 서로를 비난하고 손가락질한다면 앞으로 나아갈 수 없다. 집 안에서든 밖에서든 그 시대를 살아본 기성세대들이 먼저 손 내미는 것이 필요하다. 그들의 장점을 바라보고 인정하며, 그들이 진짜 원하는 것이 무엇인지 들여다보려는 연습이 필요하다. 그 연습을 가정에서부터 하는 것을 추천한다. 아무래도 가족은 언제나 내 편이 되어주기 때문이다.

고개를 떨군 채 각자의 폰에 집중하고 있는 아이들에게 듣든지 말든지 지나가는 말로 한마디한다. "아빠를 위해 다들 시간 내줘서 고마워." 신기하게 폰을 하나씩 내려놓는다. 건너편에서 아내가 엄지손가락을 치켜세운다. "그래, 별거 아니네."

활용편

'아빠 역할'
이제 어렵지 않아요

궁금해요, 아이와의 '놀이'

Q1: 아이가 계속 놀아달라고 해요

40대 직장인 A씨는 주말이 더 힘들다. 남들은 다음 날 회사 출근을 해야 하는 일요일 저녁이 되면 우울해진다고 하는데 A씨는 일요일 저녁이 되면 오히려 행복해진다. '아, 내일은 회사로 도망갈 수 있구나' 하고 안도의 한숨을 내쉬는 A씨. A씨가 주말이 힘든 이유는 최근 더 활동적인 일곱 살 아들 때문이다. 이건 자식을 사랑하고 말고의 문제가 아니다. 처음 아들과의 놀이를 시작할 때는 괜찮은데 점점 아들과 놀이 시간이 길어지고 멈춰야 할 때 멈출 수가 없게 되면 결국 아들에게 큰소리를 내게 된다. 지켜보던 아내가 결국 A씨에게 화를 내면서 부부싸움이 시작되면 아들과의 놀이 시간이 끝난다. 아들의 '조금만 더'를 이기지 못하는 자신이 한심하기도 하다. 아들과 노는 시간을 적당한 때에 마칠 수 있는 방법은 없을까?

A: 아빠도 신나야 놀이가 지속됩니다

'친구 같은 아빠'가 될 수는 있어도 아빠가 친구는 아니라는 것을 아이에게 명확하게 인지시키는 것이 필요합니다. 예를 들면, "몇 시부터 몇 시까지 아빠는 ○○이의 친구야. 이제 신나게 놀자"라고 말합니다. 그러고 나서 약속한 시간이 되면 다시 아빠로 돌아오는 연습이 필요합니다. "자, 이제 아빠는 ○○이의 아빠로 휘리릭~" 하고 말입니다. 일곱 살 아이와 신나게 놀 수 있는 방법은 아이와 눈높이를 맞추는 것입니다. 그래야 아빠도 그 시간을 온전히 즐길 수 있고 놀이가 지속될 수 있습니다.

물론 처음에는 놀이 시간이 끝나고 아빠로 돌아갔을 때, 아이가 바로 받아들이기 어려울 것입니다. 더 놀자고 하고 친구가 되어달라고 떼를 쓸 겁니다. 하지만 거기서 멈춰야 합니다. 화를 내지 말고 단호하게 말하면 됩니다. 한 번에 되지 않는다면 여러 번, 될 때까지 반복하는 것이 필요합니다. 그때 가장 중요한 건 아빠가 화를 내지 않는 겁니다. 화를 내는 순간 우리의 계획은 다시 원점으로 돌아갈 겁니다.

아이가 계속 떼를 쓰는 이유는 아이와의 놀이 시간에 일관성이 없었기 때문일 것입니다. 아빠의 상황에 따라서 괜찮으면 아이의 요청을 받아주었다가 그렇지 않으면 거절하는 형태가 반복되었을 가능성이 높습니다. 아이는 부모의 상황을 잘 모릅니다. 그 시기의 아이들은 대부분 자신에게 꽂혀 있습니다. 그래야 아이지 그렇지 않으면 어른일 겁니다. 만약 상황이 변해서 원래 약속을 지킬 수 없다면 지금 아빠의 상황을 잘 설명하고 이해시키는 과정이 필요합니다. 아무리 어린아이라도 다 알아들을 수 있습니다. 이 시기 놀이의 주도권은 어른에게 있습니다. 물론 이 솔루션은 만 3세 이상 아이들에게만 해당됩니다. 본문에도 언급한 것처럼 그 시기 자녀를 둔 아빠의 주요 과업이 '놀이'이고 그

보다 어린 유아기는 '체력'입니다. 만 3세 미만의 아이와는 정말 몸으로 놀아주세요. 그 시기는 생각보다 빨리 지나가고 다시는 돌아오지 않는 행복한 시기일 것입니다.

Q2: 비싼 장난감을 계속 사달라고 떼를 써요

최근 마트에서 떼를 쓰는 아이 때문에 식은땀을 적잖이 흘린 B씨, 지금 생각해도 얼굴이 화끈거린다. 주말 저녁 모처럼 가족 모두가 장을 보고 외식도 하려고 마트에 들렀는데 다섯 살 딸이 장난감 코너를 지나치지 못하고 지난번에 샀던 카드 보관 가방을 사달라고 했다. 아이가 모으고 있는 캐릭터 카드를 꽂을 수 있는 가방인데 생각보다 비싸서 지난번에 하나 사주면서 마지막이라고 신신당부를 했는데 벌써 잊었는지 계속 사달라고 조르기 시작했다.

처음에는 좋은 말로 안 된다고 설명했다. 하지만 시간이 지나면서 아이가 바닥에 주저앉아 우는 바람에 당황한 B씨는 화를 내고 아이에게 큰소리를 내버렸다. "아빠가 안 된다고 했지? 지난번에 약속했잖아. 잊었어? 이거 별것도 아닌데 너무 비싸서 안 돼!" 아무리 설명하고 화를 내도 아이가 울음을 그치지 않자 B씨는 우는 아이를 번쩍 들고 마트를 나와버렸다. 아이도 지쳤는지 차 안에서 잠들었고 그 이후에는 별다른 말을 하지 않았다. 마트만 가면 약속을 지키지 않는 아이에게 한 번 말하면 잘 들을 수 있는 올바른 훈육법은 없을까?

A: 한 번 말해서 듣는 아이는, 아이가 아니라 어른이에요

많은 부모들이 한 번 말하면 자녀가 요청대로 움직여주길 바랍니다. 불가능한 일은 아니지만 그런 일은 쉽게 일어나지 않으니 미리 포기하는 것을 추천합니다. 설사 그런 일이 가능하다고 하더라도 별로 바람직한 일은 아닙니다. 아이에게 한 번 말했다고 부모의 말대로 늘 행동한다면 아이 자신의 생각과 의견이 무시되는 환경인지 살펴봐야 합니다. 사례로 돌아가서, 아이와 마트에 가서 장난감 코너를 그냥 지나치기는 쉽지 않은 일입니다. 그 코너를 어떻게든 지나치게 하도록 신경쓰는 것 대신에 마트를 나설 때부터 계획이 있어야 합니다.

만약 지속적으로 계획 없이 쇼핑하고 장을 보았다면 아이는 장난감을 살 계획이 없더라도 장난감 코너를 본 순간 사고 싶다는 충동이 생길 수밖에 없습니다. 어른들이 원하는 물건이 진열된 코너를 보고 사고 싶은 충동이 생기는 것처럼요. 어른들은 자신의 경제적인 사정을 감안하여 소비를 하지만 아이들은 다릅니다. 아이가 부모의 경제 사정을 감안하고 요청하기 어렵고 만약 어린아이가 그런 생각을 한다면 그건 아이답지 않은 것이니 아이의 감정을 살펴야 할 것입니다.

아무튼 부모가 어떤 계획이나 쇼핑 리스트 없이 마트에서 장을 보고 쇼핑을 한다면 아이도 다르지 않다는 것입니다. 아이는 부모의 거울이니까요. 아이와 마트에 갈 때 이제는 먼저 함께 계획을 세우고 가능한 한 리스트도 함께 작성해보세요. 그리고 나서 마트에서 아이가 리스트에 없는 물건을 사달라고 조를 때 단호하게 말하세요. "오늘은 이거 사러 온 거 아니지?" 만약 아이가 그 말에 수긍한다면 바로 인정하고 칭찬해주세요. "아빠 말 들어줘서 고마워."

단호하게 말했는데 만약 아이가 계속 울면서 떼를 쓴다면 조용한 공간으로 가서(그 자리에서 말을 해도 되지만 타인에게 방해가 될 수 있고 아이도 집중 받는 걸 싫어할 수도 있으니) 절대로 화를 내지 말고 단호하게 말하세요. 아빠가 화를 내는 순간 이 모든 노력은 수포로 돌아갑니다. 화를 내면 아이의 떼는 지속되거나 강도가 세집니다. 잠시 멈췄다고 해도 다음에 똑같은 상황을 다시 겪게 됩니다. 단호하게 말하고 아이가 부모의 말을 듣게 되면 다시 칭찬하면 됩니다.

그러면 그 후로 마트에 가게 되면 아이가 떼를 안 쓰게 되냐고요? 아니요. 또 그럴 수 있습니다. 한 번 말한다고 바로 다시 그리하지 않는다면 아이가 아니라 어른이죠. 그럼 언제까지 이 방법을 해야 하냐고요? 아이가 말을 들을 때까지 하면 됩니다. 하지만 그 횟수가 세 번 이상 가지 않을 것입니다. 부모가 포기만 하지 않는다면, 세 번째에는 아이 스스로 "아! 오늘은 이거 사러 온 거 아니지, 아빠?"라고 말하게 될 것입니다.

Q3: 온종일 휴대폰만 쳐다보고 있고 움직이지를 않아요

40개월 딸아이를 키우고 있는 40대 C씨, 첫아이 출산이 늦어서 둘째를 낳지 않고 하나만 잘 키우자고 아내와 합의하고 모든 정성을 딸아이 하나에게 쏟아붓고 있었다. 아이는 순하고 부모를 힘들게 하지 않아서 맞벌이 부부로서는 큰 어려움이 없이 육아를 하고 있는데, 한 가지 걱정이 있었다. 또래 다른 아이들을 보면, 호기심도 많고 궁금한 것도 많아서 끊임없이 움직이고 물어보고 하는데 딸아이는 너무 조용하고 활동적이지 않은 것이다. 아이가 얌전하면 좋을 것 같지만 아이의 생활을 자세히 살펴보니 아이가 유치원에 가는 것을 제외하고 집에 있을 때는 항상 엄마 핸드폰으로 만화영화를 보거나 TV로 유아 콘텐츠를 보고 있다. 심각한 것은 TV 속에서 노래가 나오고 신나는 율동이 나와도 그냥 소파에 누워 있다는 것이다. 심지어는 밥을 먹을 때도 휴대폰으로 만화영화를 보면서 먹어서 아이가 휴대폰 중독이 아닌지 의심스럽기도 하다. 휴대폰을 뺏으면 울며 떼쓰기에 아내나 C씨가 통제할 수 없어서 다시 시간 약속을 하고 휴대폰을 아이 손에 쥐어준다. 그러면 안 되는 걸 알지만 어떻게 이 문제를 해결해야 할지 막막하다.

A: 나이키와 아디다스의 경쟁 상대는 놀랍게도 게임기입니다

조직 문화 강의를 하면서 알게 된 내용인데, 세계 유명 운동화 회사의 마케터들은 경쟁 상대로 동종 업계를 꼽는 것이 아니라 놀랍게도 게임기를 꼽았습니다. 아이들이 집에서 게임만 하느라 밖에 나가서 놀지 않으니 운동화 소비도 줄어든다는 것입니다. 이 내용도 4~5년 전 내용입니다. 아직 직접 게임기를 사용하는 사람들도 있지만 대부분 휴대폰이나 컴퓨터로 게임을 비롯해서 모든 것을 해결하고 있어 이제는 경쟁 상대를 삼성이나 애플이라고 말할 수도 있을 것입니다.

휴대폰이 모든 사람들의 필수품으로 자리 잡기까지는 시간이 얼마 걸리지 않았습니다. 이제는 한 사람 앞에 한 대 이상의 휴대폰이 개통되어 있고 잠시라도 휴대폰이 없으면 분리불안을 겪는 유아처럼 불안하기만 합니다. 휴대폰의 긍정적인 측면은 말할 필요가 없지만, 아이들에게 미치는 부정적인 영향력은 정말 심각합니다.

유아기 아이가 지속적으로 휴대폰에 노출되었을 때 뇌의 특정한 부위가 발달하지 않게 되고 어휘력 저하와 시력 저하 등이 생길 수 있습니다. 그리고 가장 심각한 것은, 미디어에 의존하게 하고 사회성 발달에도 치명적인 영향을 미칠 수 있다는 것입니다. 또한 중독의 현상도 일어납니다. 이러한 사실을 알면서도 부모가 아이들에게 휴대폰을 쥐어주어 아이가 휴대폰에 의존하게 되는 이유는 뭘까요?

첫 번째는 손쉬운 상황 회피입니다. 아이가 밥을 잘 안 먹으려고 할 때, 떼를 쓸 때, 부모가 다른 행동을 하기 위해 자녀를 분리시켜야 할 때 손쉬운 상황 회피용으로 사용하고 있는 건 아닌지 한번 돌이켜볼 필요가 있습니다.

두 번째는 환경입니다. 부모님들도 혹시 식사할 때 손에서 휴대폰을 놓지 않는지 한번 점검해보세요. 심지어는 TV를 틀어놓고도 TV 화면을 보지 않고 휴대폰을 보면서 TV를 보고 있다고 말하는 부모들도 있습니다. 물론 어른들은 수시로 올라오는 톡과 메신저를 확인해야 하고 일적으로도 필요한 행동일 수 있습니다. 하지만 부모가 휴대폰을 쥐고 일을 하고 있는 건지 다른 걸 하고 있는 건지는 아이들에게 그다지 중요하지 않습니다. 지속적으로 휴대폰을 자신의 분신처럼 소중하게 여기는 모습만 봐왔을 뿐입니다.

공공장소에서 다른 사람들에게 폐를 끼치지 않기 위해 내 아이에게 휴대폰을 쥐어주면 가정에서 부모와 있을 때도 당연하게 같은 행동으로 나오기 마련입니다. 만약 자녀가 다른 사람들에게 폐를 끼칠 것이 염려가 된다면 공공장소에서 예의를 가르치는 것을 추천합니다. 아마 그건 휴대폰을 바로 쥐어주는 일보다는 느리고 힘들지도 모르겠습니다. 하지만 그걸 가르치지 않으면 아이는 더 많은 시간을 사람보다는 기기와 함께하는 삶을 살게 될 수도 있습니다. 그리고 그 아이가 보고 있는 휴대폰 속의 상황보다 현실에서 더 재미있는 환경을 만들어주세요. 반려동물을 키우면서 활동성을 키워도 되고 의식적으로 부모와 함께 활동하는 시간을 만들어서 한 걸음씩 밖으로 나갈 수 있도록 해주세요.

Q4: 함께 노는 법을 몰라서 형제자매와 계속 싸워요

여섯 살, 여덟 살 두 명의 아들을 키우고 있는 30대 D씨, 요즘 부쩍 아이들의 울음소리가 잦아서 짜증이 난다고 한다. 코로나19 때문에 재택근무를 하고 있는 주중에는 물론이고 좀 쉬어야 하는 주말에도 아내의 화를 내는 소리까지 더해져 D씨를 힘들게 한다. 아이들이 어느 정도 커서 같이 노는 시간이 길어지면서 아빠를 찾지 않는 것은 좋은데 몇 분 안 돼서 바로 들려오는 소리는 오히려 서로 각자 놀았던 더 어린 시절을 그립게 한다. "형아가 때렸어." "네가 먼저 그랬잖아." "너희는 왜 몇 분을 사이좋게 못 노는 거니? 그럴 거면 떨어져서 각자 놀아." 둘째와 큰애 그리고 아내까지 소리를 지르는 바람에 견딜 수가 없을 때는 D씨도 집 밖으로 나가고 싶은 마음이다.

애들은 싸우면서 큰다고 하는데 언제까지 이걸 지켜봐야 하는지, 여자아이들과는 달리 남자아이를 키우면 이 정도는 감내해야 한다고들 말하지만 안 싸우면서 크는 남자아이들은 없는지, 싸우고 나면 다시는 같이 안 놀 것 같은데 또 같이 놀면서 또 싸우는 일을 반복하고 있는 아이들을 어떻게 가르쳐야 하는지, 또 아이들의 싸움에 어떻게 개입해야 하는지도 D씨는 정말 궁금하다.

A: 싸우고 나서 부모의 역할이 중요해요

가끔 남자아이를 키우는 부모님들이 "딸만 있는 강사님은 잘 몰라요. 남자아이는 달라요. 둘이 싸우면 대책이 없거든요"라고 말합니다. 혹은 "자매가 나이 차이가 많이 나는 강사님은 달라요. 차이가 많이 나면 싸울 일이 없죠. 2~3년 터울은 싸우지 않을 수가 없어요"라는 말을 합니다. 결론적으로 말하면 딸만 있는 집도 아이들이 싸우는 경우가 많고, 나이 차이가 아홉 살이나 나는 자매도 머리끄덩이 잡고 싸우는 걸 본 적도 많습니다. 결국 아이가 다르다기보다는 그것을 대처하는 부모가 다릅니다.

물론 아이들이 모두 같지 않은 것처럼 성별, 나이, 태어난 순서 등 각각 특성이 있고 상황이 다릅니다. 하지만 남자아이니까, 여자아이니까, 나이 차이가 많이 나니까, 연년생이니까 등 '~하니까' 탓으로 돌리면 어떤 가능성도 없습니다. 이미 정해진 것을 바꿀 수가 없지 않나요? 또 바꿀 수 없다고 해서 다 포기해야 한다는 말도 아닙니다. 육아 선배들은 형제는 군대 갔다 오면 싸움을 멈추고 자매는 결혼을 하면 서로 진정한 친구가 된다고 합니다. 너무 먼 이야기를 끄집어낸 이유는 싸움을 멈추게 하는 것에 집중하기보다는 싸우고 난 후 화해하고 서로를 배려하는 마음을 훈련하는 시기로 보는 것은 어떨까요? 오히려 가정에서 사회성을 기르는 절호의 기회가 될 수 있습니다.

먼저 아이들의 싸움에 개입하는 것을 멈추세요. 아이들은 대부분 서로가 잘 해결하고 배려하는 방법을 여러 상황에서 터득할 것입니다. 아이들의 싸움에 개입해야 할 때는 폭력을 썼을 때입니다. 어느 쪽에서든(대부분 큰아이가 폭력을 쓸 텐데) 폭력을 썼다면 부모가 개입하고 폭력을 쓰지 않도록 명확하게 훈육해야 합니다(여기서 훈육은 본문에서도 말했듯이 때리는 것이 아닙니다). 만약 아이들이 차례로 와서 자신의 억울함을 호소한다면 충분히 들어주고 서로 화해할 수 있도록 자리를 마련해 주세요.

최근 한 인터뷰에서 '악동 뮤지션'의 멤버 이찬혁, 이수현 남매가 말한 내용인데, 서로 싸웠을 때 부모님이 항상 마지막에 요청했던 행동은 서로의 팔을 쓰다듬으면서 "미안해", "괜찮아" 하는 것이었다고 합니다. 남매가 성장할 때까지도 했던 행동이라고 하는데 매우 효과적인 방법입니다. 꼭 그렇게 하지 않더라도 서로의 감정을 완결할 수 있는 시간이 필요합니다. 마지막으로 엮어서 혼내지 말아야 합니다. 코칭을 하다 보면 첫째들로부터 공통적으로 들을 수 있는 억울함 중에 많은 사례가 '동생이 잘못했는데 자신까지 혼났다'는 사례입니다. 형제자매가 싸울 때 도로 위 사고처럼 항상 쌍방과실이 있는 건 아닙니다. 만약 누군가가 잘못을 했다면 그 아이만 훈육하는 것을 원칙으로 하세요. "형이 돼서", "언니가 돼서" 등 자신의 위치에 따른 훈육은 억울함으로 남고 그 억울함은 동생들에게 다른 형태의 억압으로 변할 수 있습니다.

고민돼요, 아이의 '학습 지도'

Q1: 아이가 공부하는 방법이 마음에 안 들어요

고1 딸 하나를 두고 있는 50대 초반의 직장인 E씨, 평소에는 딸하고 일상적인 대화도 잘하고 별 문제가 없는데, 어쩌다가 딸아이가 공부하는 모습을 보게 되면 이해가 잘 안 되고 그 방면에서는 대화가 통하지 않는 것을 느낀다. 성적이 그닥 나쁘지는 않은데 조금만 더 집중하면 지금보다는 훨씬 더 좋은 성적을 낼 것 같아서 딸에게 공부하는 방법에 대해 말하려고 하면 아이가 화를 내고 자신이 알아서 한다고 한다. 아빠처럼 옛날 방식으로 공부해서는 지금 수업을 따라갈 수 없다며, 잘 모르면서 제발 참견하지 않았으면 한다고 말한다. 음악을 듣기 위해 귀에 블루투스를 끼고 공부한다고 앉아 있는 딸을 보면 가끔은 울화통이 치밀 때도 있다. 책상은 그야말로 정신이 하나도 없어서 책상 위에 뭐 하나 놔둘 곳이 없다. 이 상황에서 어떻게 집중하고 공부하는지 정말 알다가도 모를 일이다. 하나만 집중하면서 공부할 수 있도록 아이를 설득할 수 있는 방법은 없을까?

A: 공부 방법을 강요하는 건 꼰대 아빠가 되는 지름길입니다

아이 행동의 변화를 만들기를 원한다면, 스스로 느끼고 경험할 수 있도록 해야 합니다. 이솝우화《해님과 바람》에서 지나가는 나그네의 웃옷은 해님이 벗게 합니다. 아무리 바람을 세게 불어서 나그네의 웃옷을 벗기려고 해도 나그네는 더 웃옷의 옷깃을 여밀 뿐입니다. 책상을 잘 정리하기, 한 과목을 공부할 때는 그것만 집중하기, 그리고 쉴 때는 쉬고 공부할 때는 공부하기 등 이 모든 것이 올바른 방법일 수 있습니다. 하지만 우리 아이에게는 통하지 않는 방법일 수 있습니다. 아빠의 말이 '틀렸다'는 것이 아니라 아이에게 받아들여지지 않았다는 말입니다. 아이는 지저분한 책상이 신경 쓰이지 않을 수 있고 음악을 들으면서 수학 문제를 풀어야 더 집중되고 효과적이라고 생각할 수 있다는 것입니다. 누구의 말이 옳고 그름을 떠나서 아이가 진정으로 무엇을 원하는지를 함께 대화해보는 것을 추천합니다. 일상적인 대화는 잘되는데 이 문제만 나오면 대화가 안 되는 이유는, 아이는 이 문제에 대해서는 아빠와 말이 안 통한다고 생각하기 때문입니다. 결국 아이가 부모에게, 아빠에게 요청할 때까지 기다리는 것을 추천합니다. 정말 아이가 필요할 때는 부모에게 손을 내밀게 됩니다. 그때 그 손을 잡아주면 됩니다. 그리고 50대 초반의 아빠라면 30년 전에 공부하던 방법입니다. 강산이 변해도 세 번은 변했습니다. 아빠가 그 방법으로 효과를 보았다고 해서 자녀도 그렇게 될 거라는 생각을 내려놓으시는 건 어떨까요?

Q2: 공부 못하는 아이 때문에 화가 나요

'누구를 닮았을까?' 요즘 5학년 아들을 보면서 공무원 F씨는 가끔 생각한다. 분명 아내도 좋은 대학을 나와 공무원 생활을 하고 있고, 본인도 수재 소리는 못 들었지만 학교 다닐 때 공부 하나는 자신이 있었는데 그 사이에서 나온 아들은 정말 최악의 성적을 가지고 온다. 더 화가 나는 이유는 이런 상황을 아무렇지도 않게 받아들이는 아들과 아내 때문이다. 사실 아들이 뛰어나게 공부를 잘하길 바라지도 않는다. '그저 남들이 하는 만큼 중간 정도라도 하길 바라는데 그게 욕심인 건가?' 하는 생각이 든다. 그래야 중학교 가서 그나마 수업을 따라갈 텐데, 학원을 다니기는 하는데 돈만 버리는 것 같고, 공부에는 아예 관심도 없고, 가끔 게임이나 하고 그림이나 그리고 있으니 정말 미치고 팔짝 뛸 지경이다. 어느 날 정말 화가 나서 공부하기 싫으면 안 해도 된다고 했더니 아들은 너무나 순진한 얼굴로 "정말요?"라고 답했다. 아들과 그 옆에서 마냥 웃고만 있는 아내를 보고 있으면 '내가 왜 사나?' 싶기도 하다. 학생이 공부를 안 하면 뭘 해야 하는지 아이와 아내에게 묻고 싶다.

A: 학생이 공부를 안 해도 할 일은 많아요

먼저 아이와 아내가 긍정적인 마인드를 가지고 있는 것 같아서 안심입니다. 많은 가정에서 엄마와 자녀가 공부 때문에 갈등이 깊어지고 심지어는 극단적인 생각을 하는 아이들도 있습니다. 또한 아이들 중에는 정말 공부를 잘하고 싶은데 마음처럼 되지 않아서 자신을 자책하고 더 나아가서 자학하는 아이들도 있습니다. F씨의 아이와 아내는 그에 비해서 정말 몸도 마음도 건강하니 우선 다행이고 축하드립니다. 이제 F씨의 생각만 전환하면 됩니다. 학생이 공부를 안 하면 뭘 해야 하는지 물으셨는데 F씨의 자녀는 공부를 이미 하고 있습니다. 학교에서 학원에서 심지어 가정에서도 공부한다고 책상에 앉아 있는 모습을 가끔이라도 볼 수 있을 것입니다. 다만 F씨의 생각에 부합하는 '열심히'가 없었던 겁니다. F씨가 생각한 만큼 열심히 하는 사람만이 학생이라면 직장생활을 열심히 하는 사람만 직장인이어야 합니다. 사실 '열심히'라는 말이 주관적이어서 실제로 어느 정도를 말하는 건지 측정할 수 없습니다. 따라서 측정할 수 없는 기준을 가지고 자녀를 평가하고 판단하는 것을 멈춰보십시오. 그리고 정말 아이가 하고 싶은 것이 있는지, 그걸 하기 위해서 어떤 지원이 필요한지, 또 그걸 이루기 위해 기본적으로 어떤 능력을 갖춰야 하는지를 대화하다 보면 아빠가 원하는 '열심히'를 능가해서 정말 스스로 자기 주도적인 학습을 할 수도 있습니다.

우리 아이가 자기 주도적인 학습을 하게 된다면 어떨까요? 예전에 〈아빠! 어디가?〉라는 프로그램에서 시청자의 사랑을 받았던 가수 윤민수 님의 아들 윤후 군이 최근 한 인터뷰에서 2~3년 전만 해도 하루에 게임을 10시간씩 했었는데 지금은 공부를 그렇게 하고 있다고 말했습니다. 그렇게 된 이유는 그동안 너무 공부를 안 했다는 생각이 들면서 이제는 해야겠다는 생각이 스스로 들었기 때문이라고 합니다. 중3인 윤후 군이 지금부터 해야겠다고 마음먹고 달려들면 하지 못하는 것이 뭐가 있을까요? F씨의 아이도 그런 계기를 마련하려면 아이와 충분하게 원하는 것, 하고 싶은 것, 정말 해야 할 것 등을 대화하는 기회를 갖는 것을 추천합니다.

Q3: 아이가 학교를 그만두겠다고 해요

40대 후반 사업가 G씨, 젊은 나이에 독립해서 자신의 분야에서 나름 성공했고 일에는 자신감이 붙어 있는데 집에 있는 애만 생각하면 가슴이 답답하고 울화병이 나서 혼술을 한 적이 한두 번이 아니다. 고등학교에 입학하자마자 4월이 돼서 바로 학교를 그만두겠다고 하고 한 달 동안 무단결석을 밥 먹듯이 하고 있는 아이 때문이다. 아내가 이리저리 알아보고 선생님께 도움을 요청해서 겨우 퇴학은 막고 있는데 이것도 어떻게 될지 모르는 상태가 되어버렸다.

처음에는 학교폭력이나 왕따 등 학교생활에 심각한 문제가 있어서 그러는 줄 알고 알아보니 그런 것도 아니었다. 아이에게 왜 그러냐고 물었는데 아이의 대답에 G씨는 한 번 더 좌절했다. "그냥, 공부하기 싫어." 학교 안 가면 뭐하겠냐고 했더니 좀 쉬다가 검정고시 보고 다른 애들보다 빨리 사회에 진출하고 싶다고 한다. 등교를 안 하고 온종일 집에서 게임하고 책 보고 음식 만들어서 먹고 나름 알찬 생활을 보낸다고 자신을 인정해달라고 하는데 정말 내 자식이니까 키우지, 그렇지 않으면 바로 쫓아내고 싶은 심정이다. 아이의 마음을 돌릴 수 있는 방법은 없을까?

A: 인생은 마라톤이 아닙니다

가끔 학습자들에게 보여주는 영상인 일본 리쿠르트 회사 광고의 내용을 살펴보면, 사람들은 인생을 한 방향으로 모두가 달려가는, 되돌아올 수 없는 마라톤이라고 합니다. 라이벌과 경쟁하며 시간의 흐름이라는 하나의 길을 우리는 보다 빠르게, 한 걸음이라도 더 앞으로, 저 앞에는 반드시 미래가 있을 거라 믿으며 달립니다. 하지만 이 영상에서 의문을 제기합니다. 정말 그럴까요? 인생은 하나의 코스만 있는, 하나의 결승점만 있는 마라톤이 아닙니다. 나만의 길이 있고 내가 정한 길에서 최고가 된다면 어떨까요? 만약 실패한다고 해도, 조금은 돌아가도 괜찮지 않을까요?

누구랑 비교하지 않아도 됩니다. 길은 인간의 수만큼 있고, 모든 인생은 훌륭하다고 말하고 이 영상은 끝납니다. 저는 이 영상을 함께 볼 때마다 학습자들에게 말합니다. 혹시 우리가 지금까지 '인생은 하나의 코스만 있는 마라톤'이라고 생각하고 달렸다고 해서 우리 아이들에게도 똑같이 적용하지 말라고 말입니다. 변화의 시대, 4차 산업혁명의 시대, 포스트 코로나의 시대이고 세상이 정말 따라가기 어려울 정도로 빠르게 변화하고 있는데 우리의 관점만 아직 거기에 머무르고 있는 건 아닐까요? 고등학교 진학을 하면 당연히 대학에 입학해야 하고, 대학을 졸업하면 취업을 해야 하고, 취업하면 결혼해야 하고, 결혼하면 출산해야 한다고 말합니다. 정해져 있는 궤도에 들어가지 못하면 '다른' 것이 아니라 '틀린' 것으로 취급받기 일쑤입니다.

물론 예전보다는 많이 자유로워지고 많은 사람들이 새로운 영역을 개척하고 있지만 아직 부족합니다. G씨의 아이의 인생을 우주에서 바라본다면 어떨까요? 이 친구들은 120년을 산다고 하는데 그렇게 사는 동안 1~2년 남들과 다른 삶을 사는 것쯤은 괜찮지 않을까요? 아이가 그 시간 동안 진정 내가 누구인지, 나는 무엇을 원하는지, 어떻게 살고 싶은지 등 자신과의 대화를 할 수 있도록 아빠가 지원하고 지지해주면 어떨까요? 오늘 한번 슬쩍 말 한마디 건네보세요. "아빠 네가 뭘 하든지 응원해. 다만 아빠가 필요할 때는 꼭 말해줘"라고 말입니다. 자신을 끝까지 믿고 응원해주는 사람이 있다는 건 정말 멋진 일입니다.

Q4: 답지를 베낀 후에 거짓말을 해요

일의 특성상 재택근무가 많은 30대 직장인 H씨, 일곱 살 아이의 학습은 상대적으로 바쁜 아내보다는 자신이 맡는 것이 좋겠다고 생각하고 몇 달 전부터 아이의 학습지와 학원 숙제를 함께 봐주고 있다. 아직은 부모가 채점해야 하는 양이 많지 않아서 시간이 오래 걸리지도 않고 아이에게 그 시간만이라도 도움을 주고 있다는 생각에 뿌듯함도 느끼고 있었는데 생각지도 않게 아이의 수학 학습지를 채점하다가 아이에게 배신감을 느꼈다. 분명 복잡하지는 않더라도 문제를 풀려면 중간에 어떤 과정이 있어야 하는데 답만 쓰여 있었다. 예전에 H씨도 그랬던 적이 있어서 바로 알아차렸다. 뒤에 있는 답지를 그대로 베껴 쓴 것이다. 확신을 가졌지만 아이에게 우선 물어보는 것이 필요할 것 같아서 아이에게 "이거 OO이가 다 푼 거야? 암산으로?"라고 물었더니 아이가 푼 종이는 따로 있다고 했다. 푼 과정을 쓴 종이를 가져오라고 했더니 그제야 답지를 베꼈다고 했다. 아이에게 이유가 뭐냐고 물으니 "다 안 해놓으면 아빠한테 혼날까 봐"라고 답하는데 정말 화가 나서, "이딴 거 다 필요 없어. 아빠가 정말 화가 나는 건 답지를 베낀 것이 아니라 OO이가 거짓말을 한 거야"라고 말하고 그 자리에서 학습지를 찢어버렸다. 거짓말을 하는 아이를 어떻게 훈육해야 할까?

A: 아이에게 거짓말을 하도록 부모가 환경을 만들었어요

요즘 자녀의 학습에 관심이 많은 아빠들이 생긴다는 것은 정말 환영할 일입니다. 육아와 교육은 엄마의 전담이 아니며, 아빠도 도와주는 것이 아니라 함께 한다는 마인드가 장착된 분들이 많아져서 기쁩니다. 아빠든 엄마든 올바른 자녀 양육과 교육은 쉬운 일이 아닙니다. 각자 상황도 다 다르고 부모도 성장 과정이 다 다르기 때문입니다.

그래서 부모도 배움이 필요합니다. 특히 아빠들은 자신의 원 가족에서 아버지의 역할을 배울 기회가 적었기 때문에 시대에 맞는 아빠 역할의 배움과 실천이 필요합니다. 사례로 돌아가서 아빠는 분명히 아이가 답지를 베꼈다고 확신했는데 질문은 달랐습니다. 많은 부모님들이 자녀가 상황을 모면하려고 거짓말을 할 것을 예상하면서도 그렇게 묻습니다. 그리고 나서 더 당황스러운 것은 자녀의 행동보다는 자녀가 거짓말을 한 것에 더 화가 난다고 합니다. 자녀가 거짓말을 할 수 밖에 없도록 본인이 만들었다고 생각을 한번 해보면 어떨까요? H씨가 자녀에게 물었던 것처럼 "이거 OO이가 다 푼 거야? 암산으로?"라고 물으면 "아니, 내가 답지를 베꼈어"라고 답할 아이가 몇 명이나 될까요? 예를 들면 학원에 안 왔다고 분명 학원에서 연락을 받은 엄마가 학원 끝났다고 집에 들어오는 아이에게 "오늘 학원은 잘 다녀왔어?"라고 묻는 건 아이에게 거짓말을 하라고 환경을 만드는 것입니다.

아이들뿐만 아니라 사람들은 당황하면 우선 그 상황을 모면하려고 반응(거짓말 또는 화냄)하게 되어 있습니다. 그렇다면 어떻게 질문해야 할까요? 만약 알고 있다면, 확신이 든다면 먼저 말하세요. 아이가 거짓말을 할 상황을 애초에 만들지 않는 것도 방법입니다. "아빠가 보니 이건 과정이 없이 답이 나오는 것이 어려울 것 같은데 어떻게 된 거야? 혹시 답지를 본 거니? 괜찮아. 아빠도 그런 적 있어" 하고 말입니다. 그럼에도 불구하고 아이가 거짓말을 한다면 물어봐주세요. 학습지 하는 게 힘든지, 숙제 양이 많은지, 혹시 아빠랑 같이 푸는 방법으로 바꿔보는 건 어떤지 말입니다.

어려워요, 아이의 '친구 관계'

Q1: 친구 관계 때문에 아이와 아내가 속상해해요

최근 I씨는 퇴근 후 집에 도착해서 신기한 광경을 목격했다. 초등학교를 다니고 있는 딸아이와 아내가 부둥켜안고 '엉엉' 울고 있는 것이었다. '무슨 큰일이 났나?' 하는 생각이 들어 놀란 얼굴로 아내에게 물어보니 아내의 대답이 더욱 어이가 없었다. "오늘 ○○이가 친구하고 싸웠는데 너무 속상해서 그래"라고 하고 아내는 눈물을 훔쳤다.

I씨는 더 이상 어떤 리액션을 해야 할지 몰라서 자연스럽게 방에 들어가 생각했다. '아니, 애가 친구하고 싸웠고, 속상해서 엄마한테 이야기했는데 엄마는 그 애를 붙들고 같이 운다? 이걸 어떻게 받아들여야 하지? 이맘때는 애들하고 가끔 싸우고 화해하고 그러면서 학교 다니는 거 아닌가?' 이해가 안 갔지만 상황이 좀 수그러든 거 같아서 자초지종을 들었다.

결론적으로 딸아이의 가장 친한 친구가 다른 친구와 더 친하게 돼서 그 친구와 말다툼이 있었고 그게 속상해서 울고 있었다는 것이었다. 아내가 덧붙이기를 5학년이면 한참 친구 관계에 예민하다고 했다. 그 이후 다른 모습이긴 했지만 딸아이가 친구 때문에 힘들어하고 아내와 심각하게 이야기하는 것을 보기도 했는데 아빠로서 어떻게 도움을 줘야 할지, 공감만 하고 있는 엄마한테만 맡겨도 될지 궁금하다.

A: 이 시기 아이에게 친구는 삶의 전부예요

우선 아내와 자녀의 모습을 본 I씨가 "뭘 그런 걸 가지고 그래?" 하며 즉각적인 반응을 보이지 않고 잠시 상황을 파악하고 대화를 하고자 한 부분을 정말 칭찬하고 싶습니다. 왜냐하면, 나와 다르거나 이해가 잘 안 되는 상황을 보고 즉각적인 반응을 하는 것은 상황을 더욱 악화시킬 가능성이 크기 때문입니다. 또한 자녀의 문제를 아내에게만 미루지 않고 지원하고 도움을 주고자 하는 부분도 크게 인정하고자 합니다.

자, 그럼 초등학교 5학년인 우리 아이가 속상해하는 부분을 살펴보겠습니다. 예전과 다르게 사춘기가 빨리 오고 특히 여자아이 같은 경우 초등학교 고학년만 되면 사춘기에 접어듭니다. 이 시기에는 또래 집단의 중요성이 크다는 사실을 잘 알고 계실 겁니다. 또래 집단 구성도 아이들마다 달라서 어떤 아이는 여러 명의 아이들과 무리를 만들고 그 무리 안에 자신의 정체성을 찾아가는 아이가 있는 반면 단둘이서 짝꿍의 형태를 원하는 아이도 있습니다. 무엇이 더 좋고 아니고의 문제가 아닙니다.

우리 아이는 짝꿍의 형태로 교감하고 성장하는 아이인 듯합니다. 이런 아이에게 자신이 정말 믿고 의지하는 친구가 다른 친구와 더 친해진다는 것은 학교생활의 전부를 잃는 것과 같은 상실감일 것입니다. 아이를 충분하게 공감해주세요. 공감하는 것만으로도 아이는 부모가 자신의 편임을 경험할 것입니다. 하지만 공감만 하고 거기서 멈추면 안 됩니다. 아이가 힘들고 속상할 때, 지속적으로 공감만 하고 대안이 없다면 여느 또래 아이와의 대화와 다를 것이 없습니다.

어른, 특히 부모와의 대화는 달라야 합니다. 충분한 공감 이후에 꼭 질문을 해주세요. 본문에서 언급한 것처럼 상대를 지원하고 이끌어내는 질문만이 행동의 변화를 만들 수 있습니다. 우리 OO이에게 충분히 공감한 후에는 어떤 질문이 필요할까요? "그 친구가 다른 친구와 친해지게 된 계기는 뭐라고 생각해? 그 친구와 다시 예전처럼 친해지려면 OO이는 어떤 노력이 필요할까? 그 친구 외에 다른 친구와 친해지기 위해서 내가(부모가) 뭘 도와주면 될까?" 등 생각을 이끌어내는 질문만이 상대가 문제를 좀 더 객관적으로 바라볼 수 있도록 도움을 주는 것입니다.

그리고 여기서 가장 중요한 것은 대안을 부모가 직접 제시하지 않는 것입니다. "다른 친구 사귀면 되잖아. 그 친구하고 다시 대화해. 집에 한번 데리고 와. 내가 잘 이야기해볼게" 등 대안을 주면 당장은 문제를 해결한 듯 보이지만 나중에는 계속 아이에게 대안을 제시해야 하고 부모가 준 대안대로 행동한 아이에게 나중에는 이런 말을 들을지도 모릅니다. "아빠 때문에 망쳤어." 답을 주기 전에 질문해주세요. 질문의 힘은 생각보다 큽니다.

Q2: 아이에게 이성 친구가 생겼어요

J씨는 최근 아들 방에서 이상한 향수 냄새가 나서 아들이 없을 때 아들 방을 찬찬히 둘러보다 쪽지 하나를 발견했다. 여자아이 글씨인데 내용이 심상치 않았다. 일반적인 친구 사이 같지는 않고 서로 싸웠는지 화해를 원하는 내용의 손편지였다. 아들과 대화를 깊이 있게 하는 관계는 아니지만 그래도 여자친구가 생겼으면 아빠에게 말할 것도 같은데 J씨는 아들에게 서운함을 감출 수 없었다.

잠시 서운한 마음을 접어두고 대략 편지를 읽어봤더니 사귄 지 2년이나 된 여자친구였다. 그럼 중학교 3학년 때부터 사귀었다는 말인데 그때는 고입 준비로 많이 힘들어했던 시기였는데 여자친구를 사귈 시간이 있었나 싶었고 그래서 그렇게 원하던 고등학교에 떨어진 건 아닌지 궁금하기도 했다. 요즘 아이들 이성을 사귀는 시기가 점점 빨라져서 유치원 때부터 사귀고 헤어지고를 반복한다는 말을 듣기는 했는데 막상 내 아이가, 그것도 한참 공부할 나이에 이성에 신경 쓰고 감정을 소모하는 것 같아서 아빠로서 걱정이 앞서는 게 사실이다. 아들이 여자친구를 사귀고 있다는 것을 아빠가 안다는 것을 말해야 할지, 말한다면 어떤 방식으로 말해야 할지 모르겠다.

A: 솔직하게 말하고 아이가 손 내밀면 그때 손 잡아주세요

J씨의 고민을 자세히 보면, 자녀가 이성 친구를 사귀는 것을 우선 부정적으로 보고 있다는 것을 느낄 수 있습니다. 왜냐하면 이성 친구를 사

귀는 것을 자녀의 학업 성적을 떨어뜨린 원인으로 보고 있기 때문입니다. 그건 맞을 수도 있고, 아닐 수도 있습니다. 성적이 떨어진 정확한 원인은 아이에게 직접 들어야 하니까요. 그리고 아무리 자녀라고 해도 사생활을 지켜주시는 것이 맞습니다. 자녀 몰래 편지를 읽었으니 만약 그 행동을 사과할 것이 아니라면 모르는 척하는 것이 더 낫습니다. 하지만 자녀가 J씨의 마음에 들지 않는 행동을 할 때마다 '연애하느라'라는 생각이 들지 않을 자신이 있다면요. 그렇지 않다면 솔직하게 말하고 사과하고 도움이 필요할 때 요청하라고 해주세요.

J씨가 말한 것처럼 이성 친구를 사귀는 연령대가 점점 낮아지고 자유로워졌습니다. 사실 아이들이 이성 친구를 사귀는 것을 말릴 수도 권장할 수도 없는 것이 부모의 마음입니다. 그렇다면 부모로서 무엇을 해야 할까요? 자녀가 이성 친구를 사귀고 있다면 부모에게 공유하고 자유롭게 대화할 수 있는 관계를 먼저 만들어야 합니다. 사람이 다른 사람을 좋아하는 감정은 숨길 수도 거부할 수도 없는 것임을 J씨도 잘 알 것입니다. 특히 서로 좋아하고 다투고 하는 일련의 행동이 오히려 자신을 성장시킬 수 있는 기회일 수 있습니다. 이성 친구를 사귀면서 어려운 점, 궁금한 점이 있다면 부모에게 물어볼 수 있도록 하는 관계는 정말 훌륭한 관계일 것입니다.

만약 현실적으로 그게 어렵다면 최소한 자녀가 어려운 상황에 놓였을 때 고민은 털어놓고 상의할 수 있는 관계라면 어떨까요? 이성 친구를 사귈 때 주의할 점, 그리고 지켜야 할 점을 함께 대화할 수 있을 것입니다. 스킨십은 어디까지 해야 하는지, 특히 성교육(피임 교육이겠죠)을 하게 된다면 아빠가 더 자연스러울 수 있습니다. 자녀와 성에 대해 이야기한다는 것이 쉽지는 않습니다. 하지만 매체나 또래 친구들로부터 받은 성 지식이 얼마나 올바르고 효과적인지는 한번 생각해볼 필요가 있습니다.

자녀와 성에 관하여 이야기하기 위해서는 아빠도 성에 대한 명확한 지식과 생각이 있으셔야 합니다. 자녀와 대화하기 전에 부모로서 성교육을 받으시는 것도 추천합니다. 아마도 이 시기 부모님들은 올바른 성교육을 받기 어려우셨을 테니까요. 결론적으로 아이가 건강하고 행복하게 이성 친구를 사귈 수 있도록 부모가 지원해주시는 건 어떨까요? 아시겠지만 이 시기 아이들은 하지 말라고 하면 더 하고 싶잖아요.

Q3: 잠시 집에 들렀는데 이성 친구와 단둘이 있는 아이를 봤어요

작은 사업체를 운영하고 있는 50대 K씨, 최근 딸의 행동으로 인해 몸도 마음도 말이 아니다. 딸아이만 보면 화가 나고 걱정도 돼서 저녁에 잠도 못 자니 사무실에 나와도 일이 손에 안 잡힌다. 딸 때문에 이렇게 힘들게 된 건 그날 일 때문이다. 협력사 미팅에 가져갈 서류를 놓고 나온 게 생각이 나서 점심시간을 이용해 집에서 간단하게 점심을 먹고 미팅을 갈 생각에 집에 들른 K씨. 현관문을 열자마자 이상한 기운이 느껴지면서 우려하던 광경이 벌어졌다. 고등학생 딸아이가 점심을 어떤 남자아이와 집에서 먹고 있는 것이었다. 온라인 수업을 하기 때문에 집에는 딸 혼자 있고 점심시간에 먹으라고 아내가 점심을 차려놓고 나갔는데 어떤 모르는 남자아이와 햄버거를 먹고 있는 딸아이를 발견한 순간 정신이 몽롱하고 이 상황을 어떻게 해석해야 할지 몰라서 그만 문을 닫고 다시 나와버렸다.

나와서 차에서 딸에게 전화를 했더니 딸이 태연하게 물었다. "아빠, 왜 왔다가 그냥 갔어?" 급해서 그냥 나왔다고 얼버무리고 사무실로 다시 돌아온 K씨는 온갖 생각이 들었다. '걘 누구지? 왜 남자애랑 단둘이 있는 거지? 그동안 수업은 안 듣고 뭘 하고 있었던 거야?' 머리가 아프고 아이를 혼자 두고 나간 아내도 원망스럽고 별게 다 짜증이 나고 하루가 어떻게 갔는지 모르겠다. 이럴 때 아빠는 어떻게 행동해야 하는지 알려주는 사람이 있었으면 좋겠다.

A: 상상하면서 드라마를 쓰는 것 대신에 직접 물어보세요

놀라서 아무 말도 없이 돌아 나왔던 K씨처럼, 저 또한 이러한 상황에서 당황하고 어떤 말을 해야 할지 바로 떠오르지 않았을 것입니다. 그 상황에서 무슨 말을 어떻게 하는 것이 좋을지 몰라 혼란스럽고 만약 말을 한다고 해도 어색함은 감춰지지 않을 것입니다. 하지만 잠시 마음을 가라앉히고 한번 생각해볼 것이 있습니다. 똑같은 상황인데 상대가 동성 친구였다면 어떠했을까요? 아마도 그냥 다른 생각이나 이야기를 만들지 않고 궁금했을 겁니다. '왜 저 친구는 우리 집에서 밥을 먹지? 본인도 수업을 들어야 하지 않나? 그리고 자기 엄마가 먹으라고 차려놓은 점심은 안 먹고 왜 햄버거를 먹는 거야?' 아마 부모는 이러한 종류의 궁금증이 생길 것이고 자연스럽게 물어볼 것입니다. "아, 친구랑 같이 점심 먹는 거야? 밥 먹지 왜 햄버거를 먹어?" 하고 말입니다.

그런데 상대가 이성 친구이고 그것도 아무도 없는 집에 단둘이 있다는 이유만으로 당황하고 걱정하고 심지어는 말도 못하고 밤잠을 설치기까지 하게 되는 것입니다. 우리가 쉽게 저지르는 실수 중에 하나는 상황을 있는 그대로 보지 않는다는 것입니다. 그냥 그 순간 있는 그대로를 보고 궁금하면 질문하면 됩니다. 그때 K씨의 자녀는 피치 못할 사정이나 예기치 못할 상황이 있을 수도 있으니까요. 그 친구 집에 인터넷이 끊겨서 함께 수업을 들을 수도 있고, 점심시간에 그 친구가 햄버거를 사 와서 같이 먹을 수도 있습니다. 이처럼 상황은 다양한데 지레 걱정이 앞서고 이야기가 써지고 드라마를 찍게 되는 것입니다. 물론 요즘 사회에서 벌어지는 안 좋은 뉴스도 많고 딸이라서 더 걱정이 되기도 합니다. 하지만 사실 딸이라서 걱정되고 아들이라고 걱정이 안 되는 건 아닙니다. 오히려 그 상황에서 자녀를 믿고 자연스럽게 무슨 일인지, 왜 수업 중에 친구가 와 있는지를 물어봤다면 아이는 더 마음을 열고 아빠와 대화하려고 했을 것입니다. 아이에게 괜한 죄책감을 들게 하는 것은 아이의 솔직함을 방해하는 요소입니다.

Q4: 아이와 어울리는 친구가 마음에 안 들어요

이제 초등 고학년이 된 아이의 아빠 L씨, 나름 교육계에 종사하고 있고 내 아이의 학습 지도는 자신 있게 할 수 있다고 자부한다. 하지만 L 씨에게 걸림돌이라고 생각되는 상황이 있는데, 다름 아닌 아이의 친구다. 처음 아이 친구가 집에 놀러 왔을 때는 나름 기뻐했다. 똑똑하고 야무져서 약간 순하고 둥글둥글한 내 아이와 잘 어울리고 또 내심 내 아이가 그 친구를 좀 닮았으면 했다. "친구 따라 강남 간다"는 말도 있듯이 학창시절에 어떤 친구와 사귀는가는 중요한 문제이기 때문이다.

하지만 아이에게 가끔 듣는 이야기는 좀 달랐다. 정확히 말은 하지 않았지만 L씨 아이가 그 친구에게 끌려가는 것 같고 그 친구는 L씨 아이를 마음대로 조종하는 듯했다. 심지어 어느 날 수학 학원을 바꾸겠다고 해서 이유를 물어보니 그 친구가 학원을 바꿨다는 것이다. 그래서 그렇게 하자고 했더니 아이는 그때부터 걱정에 사로잡혀서 얼굴이 어두웠다. 그 수학 학원은 레벨 테스트를 보는데 L씨 아이는 친구처럼 선행을 하지 않아서 그 친구와 같은 반이 될 수 없다는 것이다. 학원에서 같은 반이 되기 위해서 과외를 따로 시켜달라고 하는데, 이게 무슨 상황인지도 모르겠고, 아이가 친구에게 끌려다니는 것 같아 화가 나기도 했다. 그 친구 말고 다른 친구하고 학원을 다니면 어떻겠냐고 해도 아이는 단호하게 안 된다고 한다. 다른 친구들도 많을 텐데 왜 꼭 그 친구하고만 뭐든지 같이 하려고 하는지 이해도 안 되고 이럴 땐 어떻게 해야 할지 궁금하다.

A: 친구를 바꾼다고 해서 문제가 해결되는 건 아닙니다

자녀의 친구 관계에서 부모가 해줄 수 있는 것은 그리 많지 않습니다. 각기 다른 성향의 친구들을 두루두루 많이 사귀는 것이 좋을 수도 있고 자녀의 성향에 따라 한 친구하고만 깊게 연결되는 아이도 있습니다. 중요한 것은 자녀가 어떤 친구를 만나느냐가 아니라 그 친구와 어떻게 관계 맺느냐입니다. L씨의 자녀는 순하고 둥글둥글하다고 표현했는데 조금 다르게 보면 혹시 자존감이 낮은 건 아닌지 살펴볼 필요가 있습니다. 물론 배려도 모르고 자신밖에 모르는 이기적인 아이가 되라는 말이 아니라, 자존감이 높다면 하지 않았을 요청이나 행동이 보이기 때문입니다. 자신의 수학 성적 수준을 정확히 알고 부족한 부분을 보충하고자 하는 것이 아니라 단순히 친한 친구와 같은 레벨의 반이 되기 위해 애쓰는 모습에 초점을 맞춰야 합니다. 때문에 "넌 자존심도 없니? 그런 친구 말고 다른 친구 사귀어"라는 말은 더욱 아이에게 상처가 될 뿐입니다.

아이도 알고 있습니다. 자신이 원하는 모습의 친구 관계가 아닌 것을 말입니다. 그럼에도 불구하고 그렇게 하고 싶은 이유는 이 친구가 아니면 자신과 함께 놀아줄 친구가 없다고 느끼기 때문입니다. 사춘기에 친구 관계는 정말 중요합니다. 하지만 그렇기 때문에 부모가 적극적으로 개입하면 개입할수록 더욱 엇나가기 마련입니다. 그 친구 말고도 더 많은 친구를 사귈 수 있고 그 속에서 자신이 얼마나 소중하고 멋진 존재인지를 깨닫게 해주는 것이 필요합니다.

혹시 부모의 자존감이 자녀에게도 대물림된다는 것을 알고 계신가요? 자존감이 낮은 부모는 자신을 과장하거나, 가정에서 희생양을 자처하거나, 실패했을 때는 남 탓을 하는 경우가 많습니다. 그 가정에서 양육된 아이가 높은 자존감으로 성장했을 가능성은 아마 낮을 것입니다. 물론 L씨가 자존감이 낮다고 단정하고 말씀드리는 것이 아닙니다. 다만 아이가 자신의 삶을 스스로 살아갈 수 있도록 힘 있게 존재하기 위해서는 지금의 상황을 단지 친구를 잘못 사귀어서, 생기는 다른 친구를 사귀면 달라지는 친구의 문제로 판단해서는 안 됩니다. 관점을 우리 아이의 감정과 행동에 관심을 갖는 것으로 돌릴 필요가 있습니다. 높은 자존감의 아이 주변에는 늘 친구들이 모이기 마련이기 때문입니다.

난감해요, 아이의 '생활 습관'

Q1: 아이가 잘 안 씻으려고 해요

요즘 아내와 갈등을 벌이고 있는 아들을 보면서 자신의 학창 시절을 떠올리며 씁쓸해하는 M씨. 사춘기 아들 방에서 이상한 냄새가 난다고 질색을 하는 아내의 얼굴에 M씨는 자신의 어머니의 얼굴이 오버랩되는 경험을 했다. 아들이 초등학교 때는 그래도 봐줄 만했는데 중학교에 들어가자마자 아이가 2차 성징이 오는지 키도 커지고 아이 방에서는 소위 말하는 홀아비 냄새도 나는 것 같다. 저녁에 잠깐 슈퍼에 같이 가면서 넌지시 이야기해봤지만 소용이 없다. 본인은 씻는 게 뭐가 그렇게 중요한지 잘 모르겠다며 '씻으라는 말'만 들으면 짜증이 나고 더 씻기 싫어진다고 한다.

'학교에 가서 친구들이 냄새난다고 싫어하면 어떻게 하지?'라는 걱정도 생기고 특히 남녀공학인데 여학생들이 싫어할까 봐 더 걱정이다. M씨 본인도 학교 다닐 때는 귀찮아서 잘 안 씻었기 때문에 딱히 뭐라 할 말이 없다. 사실 평소에는 괜찮다가도 아내와 아들이 씻는 것 가지고 실랑이를 할 때면 아빠로서 어떻게 해야 할지 모르겠다. 아내는 같은 남자니까 말 좀 해보라고 하는데 정말 답이 없다. 어떻게 하면 스스로 잘 씻도록 할 수 있을까?

A: 때가 되면 씻지 말라고 해도 씻을 거예요

부모님의 걱정은 사실 괜한 걱정일 경우가 많고, 사실 사람들이 하는 걱정의 대부분은 일어나지 않은 일에 대한 걱정입니다. 학교에서 동성이든 이성이든 친구들이 자녀를 싫어할지 아닐지는 정작 학교생활을 하고 있는 자녀가 제일 잘 알 것입니다. 만약 자녀가 학교생활에 어려움을 겪고 있다면 그 이유가 씻지 않고 냄새가 나서라고 단정 짓는 것도 효과적이지는 않습니다. 그리고 이 고민을 하고 있는 아빠의 경우도 학창 시절에 잘 씻지 않아서 자신의 부모님을 걱정 끼쳐드린 적이 있다고 고백한 부분이 중요합니다. 아빠도 그랬는데 지금 잘 살고 있지 않나요? 별 문제 없이 결혼해서 가정을 이루고 생활하고 있습니다. 아이도 그럴 것입니다.

다만 우리가 초점을 맞춰야 할 부분은 아내와 아이의 갈등입니다. 아내와 대화를 해주세요. 본인의 학창 시절 이야기도 하고 특히 여자친구 생기면 씻지 말라고 해도 씻었던 경험을 나누면 좋겠습니다. 요즘 아이들은 다르다고 아내가 이야기할지도 모릅니다. 하지만 그때도 지금도 변하지 않은 건 자신이 좋아하는 사람 앞에서는 잘 보이고자 하는 사람의 마음입니다. 조금 기다려주세요. 아이가 좋아하는 친구를 만나고 신경이 쓰이면 말려도 욕실에서 30분 이상 씻고 나올 겁니다. 그때는 너무 오랫동안 욕실을 점령하고 있다고 걱정할 수도 있습니다. 다만 아이의 방 청결이 심각하다면 그 부분만 다뤄주십시오. 방에서 벌레만 나오지 않으면 되지 않을까요? 물론 아이들이 정리정돈도 잘하고 청결하면 좋겠지만 우리 부모님들도 학창 시절에 그다지 부모님의 기대처럼 방을 유지하지는 않았을 것입니다.

결론은 아이가 객관적으로도 위생 상태가 엉망이어서 건강에 영향을 주지 않는 이상은 좀 기다림이 필요합니다. 기다리는 것 대신에 부모가 할 수 있는 건 없습니다. 지속적으로 씻으라고 해도 아이들은 부모의 잔소리를 고장난 라디오에서 나오는 소리로 취급할 것입니다. 효과가 없습니다.

Q2: 게임에 빠져서 아무것도 하지 않아요

열네 살 아들을 키우고 있는 N씨의 요즘 가장 큰 고민은 아들의 학교생활이다. 수업 시간 내내 엎드려서 잠을 자고, 중학교 1학년이라 시험이 없어서 학업 수준을 알 수는 없지만 수행평가도 엉망이라고 아내가 속상해하고 있었다. 아들에게 왜 그렇게 수업 시간에 자냐고 혼을 내봤지만 아들은 큰일도 아닌 것처럼 "졸려서 자요"라고 말하고 더 이상 입을 열지 않았다.

N씨가 작정하고 아이의 휴대폰이나 컴퓨터를 살펴보았더니 학교에 있는 시간을 제외하고 눈을 뜨고 있는 시간에는 모두 게임을 하고, 심지어는 밤에 잠을 안 자고 5시까지 핸드폰으로 게임을 한 기록이 있었다. 초등학교 고학년이 되면서 게임을 너무 많이 하는 것 같아서 컴퓨터를 거실에 놓았더니 이제는 핸드폰으로 자기 방에서 아주 숨 죽여 하고 있었던 것이다. 게임만 하는 아들을 어떻게 게임의 구렁텅이에서 나오게

할 수 있을까?

A: 학교 수업보다 게임이 더 재미있기 때문입니다

아이가 게임에 빠져 있다는 말 속에 이미 '게임은 나쁘다, 중독될 수 있다, 문제가 있다'를 내포하고 있습니다. 게임이 나쁘고 중독될 수 있고 문제가 있는데 이 질문을 하고 있는 아빠는 게임을 한 번도 안 해보셨는지 궁금합니다. 물론 아이들이 하는 게임 중에 폭력적이거나 선정적인 게임은 문제가 될 수 있습니다. 하지만 아이들이 하는 모든 게임이 잘못되었거나 나쁜 것만은 아니죠. 게임이 나쁘다기보다는 그 게임을 어떻게 즐기고 활용하고 있느냐가 문제입니다. 아이들이 게임을 계속하는 이유는 여러 가지가 있을 수 있지만 가장 큰 이유는 다른 것보다 재미있기 때문 아닐까요? 책 읽는 것보다 공부하는 것보다 친구들과 이야기하는 것보다 혼자서 게임하고 온라인상에서 친구들과 게임하는 게 더 재미있고 즐거우니까 지속하는 겁니다.

다만 일상생활을 못하고 다른 활동을 할 기회가 없고 심지어는 건강을 해치면서까지 게임을 하는 것이 문제입니다. 먼저 아이의 환경을 점검해봐야 합니다. 거실로 컴퓨터를 내놓은 것은 효과적이나 아이가 잠자리에 들 때 휴대폰을 가지고 있다는 것이 문제입니다. 그 나이대의 아이들은 아직 자신을 조절하기가 어렵습니다. 그렇게 재미있는 게임이 휴대폰으로도 가능한데 그 유혹을 물리치고 잠을 청한다는 것이 사실 어렵습니다. 아이의 절대적인 수면을 보장해주기 위해서라도 잠자리에 들 때는 부모에게 휴대폰을 맡기고 잘 수 있도록 아이와 대화해보세요. 그리고 다양한 앱(요즘은 무료 앱도 있습니다)을 통해 아이의 휴대폰 사용 시간을 체크할 수 있도록 하는 것도 방법입니다.

여기서 중요한 것은 아이와 신뢰 관계를 먼저 회복하는 것입니다. 아이를 못 믿어서 잠재적인 문제를 일으킬 수 있는 아이로 보는 것이 아니라 충분한 대화를 통해 기기 사용 시간 조절 그리고 수면 시간 확보 문제를 놓고 대화해야 합니다. 더 중요한 것은 부모도 자신의 행동을 점검하는 것입니다. 혹시 아빠도 휴대폰에서 눈을 떼지 못하지는 않나요? 밥 먹을 때, TV를 틀어놓고도, 심지어 아이와 대화할 때도 휴대폰을 가지고 집중하지 못한다면 아이에게 어떤 말도 효과적이지 않을 것입니다. "말로 하면 따지고, 몸으로 하면 따른다"는 것을 기억하세요.

Q3: 아이 방만 보면 화가 나요

대학생 딸을 두고 있는 OO씨, 일의 특성상 늦게 출근하기 때문에 가족들이 모두 나간 후 집 정리를 하고 사무실로 나간다. 청소까지는 아니지만, 방을 돌면서 점검하고 출근하는데 꼭 딸아이 방을 보면 화가 치밀어 오른다. 바닥에는 어제 입었던 것 같은 청바지가 돌돌 말려 있고, 침대 위에는 아침에 이것저것 입어봤는지 옷이 한가득 던져져 있다. 책상 위에는 먹던 과자 봉지며, 책이며, 필기구며 모두가 뒤엉켜서 대체 여기 위에서 어떤 공부를 할 수 있을지 궁금할 정도다.

아침이니까 시간이 없어서 그러려니 하다가도 가끔 저녁에 잠자러 들어가는 딸아이 방을 슬쩍 보면 그대로 슥슥 밀쳐놓고 침대 속으로 쏙 들어간다. 아내에게 정리해주라고 말해도 아내는 "내가 왜 다 큰 딸아이 방을 정리해요?"라고 하고 딸에게 방 좀 정리하는 게 좋겠다고 하면 "한꺼번에 할 거니까 걱정 마세요"라고 한다. 한꺼번에 하면 힘들고 그때그때 조금씩 정리하는 습관을 들이면 좋을 텐데 왜 그게 어려운지 O씨는 도통 모르겠다. 저러다가 결혼해서도 자신의 집을 저렇게 해놓고 살까 봐 아빠로서 걱정이 앞선다. 아이 방만 보면 화가 나는 것이 이상한 걸까?

A: 방 청소가 아이와의 관계를 깰 만큼 중요한가요

대부분 엄마가 자녀의 방 때문에 스트레스를 받는데, 요즈음은 아빠도 자녀의 교육과 미래에 관심이 있으니 이는 인정하고 칭찬 드리고 싶습니다. 생활 습관은 딱히 정답이 없어서 개인의 취향을 존중하는 것이 필요합니다. 물론 자신의 생활 습관이 타인에게 폐가 된다면 이야기는 달라지지만, 그렇지만 않는다면 상대를 존중해주시는 건 어떨까요?

우리 자녀가 소위 말하는 초딩도 아니고 대학생이면 성인인데 자신의 방은 자신이 관리하도록 지원하는 것이 필요합니다. 또한 지금 자신의 방을 정리정돈하지 않는다고 해서 다가오지 않은 미래를 생각하며, '앞으로도 그럴 것이다'라는 의견에 저는 동의하지 않습니다. 물론 '자녀가 다른 환경에서 타인과 있을 때 흠 잡히지 않았으면' 하는 생각은 부모로서 가질 수 있는 자녀에 대한 사랑의 마음입니다. 하지만 미래에 대한 걱정과 염려로 자녀를 설득하려고 한다면 자녀는 아마 받아들이기 어려울 것입니다.

그리고 좀 더 생각해보면 성인기 자녀에게 부모가 지속적으로 생활을 간섭한다면 자녀와의 관계가 나빠질 가능성이 높습니다. 자녀의 방을 부모가 원하는 대로 만들어놓는 것이 자녀와의 관계를 깰 만큼 중요한지를 한번 생각해보시길 바랍니다. 물론 그렇다고 해서 그냥 방치하고 문제를 회피하라는 것은 아닙니다. 우선 가족 모두가 집안일에 공동의 책임이 있다는 것을 대화해주세요. 집안일은 엄마만의, 부모만의 일이 아닙니다. 우리가 최소한의 일상생활을 하기 위해서는 꼭 필요한 집안일을 공동의 책임으로 함께 나누는 것이 필요합니다.

꼭 성인기 자녀뿐만 아니라 아이들이 어렸을 때부터 집안의 일을 함께 하고 기여하는 것에 익숙해질 수 있도록 해주세요. 각자의 영역은 각자가 정리하고, 공동으로 해야 할 부분은 잘할 수 있는 영역을 서로가 상의해서 맡는 것이 필요합니다. 아빠가 먼저 제안하고 실천하면 더 좋습니다. 맞벌이는 익숙한 시대에 살고 있기에 맞살림(집안일을 함께 책임으로 가져가는 것)도 가능하지 않을까요?

Q4: 매일 늦게 일어나서 지각해요

중학생 자녀를 둔 P씨, 아침마다 아이를 학교에 차로 데려다주는데 항상 늦장을 부리는 아이 때문에 원하지 않게 아침에 언성이 높아진다. 분명 본인이 깨워달라고 하는 시간에 깨워줘도 양말 신는 데 5분은 걸리는 것 같다. 속이 터져서 먼저 차에 내려와 기다리면 꼭 출발해야 할 시간보다 5분은 늦게 내려와서 과속을 하게 만든다. 늦게 내려오면서도 미안한 기색도 없고 동작도 느려서 아주 답답할 지경이다. 화도 내보고 읍소도 해봤지만 도통 늦장 부리는 것은 고쳐지지 않는다.

아내는 아이를 그냥 두고 가라고 하는데 그러면 혼자 대중교통을 이용해야 하고 아이가 도착할 때까지 불안해하며 사무실에서 신경 쓰니 차라리 화를 내더라도 데리고 가는 것이 편하다. 또 혼자서 가게 되면 지각은 뻔한 일이다. 학교에 지각을 한다는 것은 절대로 있을 수 없는 일인 P씨의 고민은 해결이 가능할까?

A: 지각하게 두고 본인의 행동에 책임을 지게 하세요

아이가 지각한다고 무슨 큰일이 일어나지 않습니다. 그리고 P씨의 생각처럼 학교에 지각을 한다는 것은 절대로 있을 수 없는 일이 아닙니다. 세상에는 절대로 있을 수 없는 일이란 없습니다. 요즘은 예전과 다르게 지각을 하거나 학교생활에 문제가 있다면, 선생님이 직접 혼내기보다는 상벌제도가 있어서 아마 벌점을 받게 될 것입니다.

벌점을 받아야 한다면 받게 하세요. 아이가 잘못해서 받은 벌점은 본인이 책임을 지는 것이 당연합니다. 아이가 대중교통을 이용하는 것이 영 불안하다면 아이에게 솔직하게 말하고 요청하세요. 아이는 아빠가 자신을 학교까지 데려다주는 정확한 이유를 알지 못할 수도 있습니다. 그저 당연하게 여길 수도 있습니다.

또 아이에게 선택할 수 있는 기회를 주세요. 불편하지만 대중교통을 이용할 건지, 아니면 조금 빠르게 움직여서 아빠가 원하는 시간에 출발할 수 있도록 할지를 선택하도록 대화해보면 어떨까요? 어렸을 때부터 늘 아이가 무엇을 결정하기 전에 부모가 먼저 해주는 패턴이 아이의 선택권을 뺏어갑니다. 선택과 결정의 연습이 안 되어 있어서 그런지 요즘 친구들은 본인이 '결정 장애'라는 말을 많이 하더라고요. 스스로 선택하고 결정해야 본인이 책임질 수 있습니다. 그렇지 않으면 자꾸 탓을 하게 됩니다. 남 탓, 부모 탓, 상황 탓 등 탓을 하는 습관은 잘 고쳐지지 않습니다. 그리고 그 습관은 자신에게 아무런 가능성, 힘도 없게 합니다.

아침에 준비하는 시간이 길다면 그 시간을 고려해서 일어날 수 있도록 해주세요. 스스로 할 수 있는 수많은 일들을 공부한다는 이유로 아니면 아직 어리다는 이유로 하지 않고 있다면 찾아서 하나하나 스스로 할 수 있도록 해주세요. 많은 부모님들이 자기 주도 학습을 원하시는데 사실 자기 주도 학습의 첫 번째가 자기 주도적 삶을 사는 것입니다. 생활에서도 자기 주도적인 삶이 아닌데 어떻게 자기 주도 학습을 할 수 있을지 모르겠습니다. "우리 아이는 아침잠이 많아서", "우리 아이는 힘드니까" 등 아이의 능력과 행동을 제한하는 것은 멈추세요.

아이들은 지금까지 부모가 하나부터 열까지 해주다보니 본인이 뭘 어떻게 어디까지 할 수 있을지 모르는 것일 수도 있습니다. 그리고 자신이 한 행동의 책임을 지는 연습은 지금부터, 작은 일부터 해야 합니다. 그리하지 않으면 사회에 나가서도 책임을 진다고 말하면서 물러나고,

도망가고, 숨어버리는 비겁한 행동을 하게 될 수도 있습니다. 책임을 진다는 것은 당당히 앞에 서서 문제를 해결하기 위해 존재하는 것입니다. 지금 잠깐 힘들고 속상하더라도 아이가 스스로의 행동에는 늘 책임이 따른다는 것을 알 수 있도록 가르쳐주세요.

알아두면 좋은 궁금증

Q1: 아이가 엄마만 좋아해요

"자식은 눈에 넣어도 안 아프다"라는 말을 요즘 경험하고 있는 30대 후반의 Q씨. 직장에서는 '자식 바보'라는 소리를 들어도 왠지 기쁘고, 주위로부터 '유난스러운 아빠' 소리를 들어도 상관없이 어깨가 으쓱하다. 다섯 살, 세 살 남매를 키우면서 얻는 즐거움과 아이들이 주는 행복감은 이루 말할 수 없기 때문이다.

하지만 요즘 소위 말하는 '빈정 상하는 일'이 반복되다 보니 좀 억울하기도 하고 슬프기도 한 묘한 감정에 휩싸일 때가 종종 있다. 아이들이 해달라고 하는 거 다 해주고 바쁜 시간 쪼개서 아이들과 놀아주는데 결정적인 순간에는 꼭 엄마 편이다. 그리고 말도 아주 단호하게 "엄마가 더 좋아요"라고 한다. 처음 몇 번은 그러려니 했는데 자꾸 반복되다 보니 좀 속상하기도 하고 아빠는 다 소용이 없나 싶어서 자괴감이 들기도 한다. 딸이 엄마 편인 건 용납하겠는데 아들까지 엄마한테서 떨어지지 않는 건 너무한 거 아닌가 싶다. 엄마 껌딱지인 아이들을 Q씨 편으로 만들 방법은 없는 걸까?

A: '자식 바보'보다는 '아내 바보'가 더 나아요

자녀를 사랑하고 정성을 다하는 모습이 보기 좋고, 최선을 다해 아빠 역할을 하고 계시는 것도 멋집니다. 다만, 자식은 편을 가르는 게임 상대는 아닙니다. 다섯 살 이하의 아이들에게 엄마는 최고의 비빌 언덕입니다. 엄마와의 교감과 애착이 가장 필요한 시기이기도 하고요. 아이들이 엄마를 좋아하고 잘 따른다면 문제 될 것이 없습니다. 다만 엄마가 일상생활을 하지 못하도록 과도하게 집착한다든지, 엄마 외에는 다른 사람과 관계를 맺는 것에 어려움이 있지만 않다면 말입니다.

만약 그렇다면 엄마와 자녀 관계를 다시 돌아봐야 합니다. 다시 질문으로 돌아와서 질문을 들으면 그렇지는 않은 것 같습니다. 아마 Q씨 개인적으로 느끼는 경험일 수 있습니다. '내가 이렇게까지 해주는데 날 더 안 좋아해? 난 다른 아빠와 달라' 하고 말입니다. Q씨가 아이들에게 정성을 다하는 이유가 자신의 만족이나 주변의 시선 때문이 아니라면 이런 생각을 포기하세요.

오히려 자녀의 사랑을 가지고 아내와 경쟁하는 것 대신에 아내에게 더 집중하고 아내에게 더 잘해주세요. 아내가 두 아이를 양육할 때 내가 지원해야 하는 것은 뭔지, 어떻게 하면 아내가 좀 더 편하고 행복하게 육아할 수 있는지를 물어보고 대화해서 그에 걸맞은 행동을 하시는 것이 더 효과적입니다. 그렇게 된다면 아이들이 컸을 때는 아빠 곁을 서로 차지하려고 경쟁할 것입니다.

아이가 어렸을 때 최고의 아빠가 되고자 한다면 '딸 바보, 아들 바보'보다는 '아내 바보'를 자처하세요. 본문에서도 언급했듯이 행복한 부부관계가 행복한 자녀를 키우기 위한 최고의 조건입니다.

Q2: 아이가 대답을 잘 안 하려고 해요

사춘기 자녀와 대화하는 방법을 알기 위해 책이며 인터넷, 그리고 유튜브까지 섭렵하고 있는 R씨는, 책을 읽으면 읽을수록, 정보를 얻으면 얻을수록 점점 더 헷갈리고 적용도 안 되고 힘이 빠져간다. 고1 아들과 말이라는 걸 해본 적이 언제였는지 기억도 없다. 요즘 어떤지 궁금해서 물어보면 "그냥"이라는 한마디뿐이다. 최근 아들에게 들어본 말이라곤 "네, 몰라, 그냥" 이 세 단어가 전부다.

겨우겨우 자리를 마련해서 식탁에 앉혀놓고 말을 해봐도 말하고 있는 아빠는 아예 투명인간 취급인지 답도 없고 내 말을 듣는 건지 정신은 다른 곳에 가 있는 건지 아무런 리액션이 없어서 화가 날 때가 한두 번이 아니다. 주변에서는 그냥 놔두라고 하는데 무슨 부처도 아니고 아이만 보면 속이 터진다. 아이가 먼저 다가와서 말 걸어주는 건 바라지도 않고, 제발 R씨가 묻는 말에 두 마디 이상은 대답을 했으면 하는데 이건 R씨의 욕심인 걸까?

A: 아이의 입을 닫게 한 책임은 일차적으로 부모에게 있어요

우선 자녀의 성향과 현재 상황을 파악하는 것이 중요합니다. 자녀가 어떤 성향이냐에 따라 그리고 어떤 시기를 지나가고 있느냐에 따라 달라질 수 있습니다. 만약 어렸을 때부터 말수가 적지만 타인과 상호작용을 잘했다면 지금의 행동에는 크게 문제가 없어 보입니다. 사실 사춘기를 겪는 아이가 어른 특히 부모에게 자신의 상황을 시시콜콜 이야기하기는 어렵거든요.

하지만 어렸을 때는 부모와 대화도 잘하고 관계가 좋았는데 갑자기 이런 상황이 되었다면 한번 자녀의 주변과 부모 자신의 대화 습관을 돌아볼 필요가 있습니다. 우선 아이가 부모에게 말 못할 고민이나 걱정거리가 있는지 대화해보세요. 물론 그럴 때 주의할 점은 비공식적이고 자연스럽게 대화를 이끌어가야 한다는 것입니다. 아이가 가장 기분이 좋을 때가 있을 겁니다. 그때가 좋습니다. 공식적이거나 심각하면 아이는 자신의 마음을 더 닫을 수 있습니다. 카더라 통신에 의하면 남편은 아내가 "자기야, 오늘 이야기 좀 해"라는 말을 할 때 가장 무섭다고 합니다. 아이에게 심각한 자리는 경직되게 만들고 그러면 마음의 문을 열기 힘듭니다.

그리고 또 살펴보아야 할 부분은 자녀가 어렸을 때부터 부모와 어떻게 대화했느냐 하는 것입니다. 자녀가 부모에게 질문을 하거나 학교에서 있었던 일을 이야기할 때 부모의 반응에 따라 자녀는 결정합니다. 나의 부모가 계속 대화할 사람인지 아닌지를 말이죠. 자녀의 질문에 관심을 가지고 함께했다면, 자녀가 자신의 일상 이야기를 할 때 진정으로 공감하고 반응했다면, 자녀는 지속적으로 부모와의 대화를 즐기고 행복해할 것입니다.

자녀의 질문에 정답만 말하거나 정작 질문에는 답하지 않고 잔소리를 하거나, 자녀의 일상 대화를 그냥 가볍게 여긴다면, 그 경험이 지속되었다면 자녀는 이제 입을 닫을 이유가 충분합니다.

모든 관계가 그렇지만 특히 부모·자녀 관계는 짧은 시간의 노력으로 결과를 만들 수 있는 성질의 것이 아닙니다. 자녀는 지속적으로 부모의 영향을 받고 있기 때문에 그렇습니다. 자녀와 대화하기 위해 짧은 시간에 결과를 내려 하는 조급함은 내려놓는 것이 좋습니다. 부모로서 할 수 있는 최선의 방법은, 시도해보고 또 다시 시도해보는 인내심입니다.

Q3: 아이 가방에서 담배를 발견했어요

S씨는 딸아이 가방에서 담배를 발견한 날부터 통 잠을 이루지 못한다. 엊그제 대학에 합격해서 집안은 축제 분위기였고 S씨도 딸아이를 자랑스럽게 생각했는데 아직 입학식도 하지 않았는데 가방에서 담배가 나오다니 정말 어이가 없었다.

'요즘 MZ세대는 다 그런가?' 싶기도 하고, 담배를 피우는데 여자·남자가 어디 있냐고 생각할 수도 있지만 딸이라서 더 충격이기도 하다. 그렇다고 담배를 피우는 걸 허용하는 게 맞는지, 아니면 못 피우게 해야 할지, 내 딸 가방에서 담배가 나올 거라고는 생각도 안 했는데 지금 S씨가 가지고 있는 담배를 모조리 쓰레기통에 버리고 싶다.

아내가 그렇게 금연하라고 잔소리를 할 때 내가 담배를 못 끊어서 딸아이가 담배를 피우는 게 아닌가 싶어서 자신을 자책하고 있는 S씨. 딸아이에게 어떻게 말해야 할지 전혀 감을 잡지도 못하겠고 아내한테는 당신 닮아서 그렇다는 소리를 들을까 봐 말도 못 꺼냈다.

A: 솔직하게 말하는 것이 최선이에요

밤잠을 못 이룰 정도로 많이 놀라셨다면 먼저 자녀와 솔직하게 대화하는 것을 추천합니다. 정확한 사실을 알려고 하지 않고 계속 고민만 한다면 자신의 생각 속에 빠져서 드라마를 쓰게 될 수 있습니다. 처음에는 상대를 탓하고 상황을 탓하고 마지막에는 자신을 탓하는 시간이 이어지고 그런 시간들은 문제를 해결하는 데 전혀 도움이 되지 않습니다. 자녀에게 물어보세요. 본인 거냐고요. 자녀의 것이 아닐 수도 있지 않나요? 친구 건데 잠시 맡아둔 것일 수도 있고 아니면 아빠 선물일 수도 있고요. 뭐든지 단정 짓고 대화하면 폭이 좁아질 수 있습니다.

물론 자녀의 것일 수도 있습니다. 그렇다면 담배를 왜 피게 되었는지 자녀가 담배를 피우는 것에 부모로서 어떤 걱정과 염려가 있는지를 말해주세요. 무조건 "안 된다, 나쁘다"의 관점으로 대화하면 지금까지 담배를 피우고 있는 아빠의 말이 전혀 설득력이 없을 것입니다. 담배를 피우는 것이 건강에 안 좋기 때문이기도 하지만, 다른 이유가 있다면 그것도 솔직하게 말하고 대화하는 것이 훨씬 낫습니다.

요즘 많은 사람들이 금연하고 있고 사회적으로도 담배를 피우는 사람들이 설 자리가 없어지고 있습니다. 담배를 피우는 것은 선택의 문제이긴 하지만 다른 사람들에게 피해를 줄 수도 있고 건강에도 안 좋은 영향을 주는 것은 사실입니다. 이 기회에 아빠도 금연하겠다는 마음으로 자녀에게 진정성을 보여준다면 자녀는 아빠를 신뢰할 것입니다.

Q4: 아이들과 할 이야기가 없어요

초등학생과 중학생을 키우고 있는 세 아이의 아빠 T씨. 가족이 모두 모이면 시끌벅적하고 정신이 없지만 그래도 주말이면 함께 밥도 먹고 TV도 같이 보면서 행복하다고 느끼고 있다. 그런데 그건 아내가 있을 때뿐이다. 혹시 아내가 아이들을 두고 잠시 외출을 하고 아이들과 T씨만 집에 남게 되면 시끌벅적하고 정신이 없었던 가족들은 온데간데없이 사라지고 마치 절에 들어온 것처럼 고요하기만 하다. 아이들은 각자의 방에서 뭘 하는지 거실로 나오지 않고 잠시 먹을 것을 찾거나 화장실에 갈 때만 얼굴을 볼 수 있다. T씨가 아이들 방 문을 열면 "아빠, 왜?"라고 눈을 동그랗게 뜨고 물어본다. 아이들의 얼굴을 보면 할 말이 없어서 "아니, 그냥"이라고 하고 문을 닫는다. 몇 년 전까지만 해도 막내는 그래도 나왔는데 요즘 막내는 한참 사춘기라서 그런지 방문을 열지도 못하게 한다. 딱히 아이들이 T씨를 싫어하는 건 아닌데 T씨도 아이들과 할 말이 없고 데면데면하다. 아이들과 어떤 말을 해야 할까?

A: 육아를 함께 하는 아내와 의논해보세요

아내가 있을 때는 시끌벅적하다는 말이 이 질문의 답입니다. 이미 T씨는 답을 알고 있습니다. 아빠가 아이들과의 대화에서 놓치고 있는 것은 무엇인지 아내에게 물어보세요. 아이들이 엄마하고 대화할 때는 재미있고 신나는 이유가 있을 것입니다. 엄마가 말을 끝까지 잘 들어준다든지, 공감을 잘해준다든지, 엄마의 대화에 유머가 있다든지, 여러 가지 이유가 있을 텐데 그 부분에 집중해서 도움을 받으세요. 가끔 사춘기 아이들에게 아빠에 대해 물으면 매사에 너무 심각하다거나 A를 물어봤는데 B까지 말한다며 대화가 잘 통하지 않는 부분을 답답해합니다. 자녀와의 관계 개선과 행복한 대화를 위해서는 배울 수 있는 사람이 누구든 그 사람에게서 배우고 적용하는 관대함을 가져보시는 건 어떨까요? 아마 이러한 아빠의 시도와 노력은 아이들에게 큰 영향을 줄 것입니다. '아빠도 배우는구나. 무엇이든 잘 받아들일 수 있는 관대함이 있구나' 하고 말입니다. 사실 나이가 들어갈수록 입은 닫고 귀는 여는 것이 가장 좋습니다. 귀가 열려 있으면 더 많은 것을 얻을 수 있는 기회가 있습니다. 그리고 자녀와 공감대를 형성할 수 있는 부분에 대해서도 관심을 기울여보세요. 음악, 영화, 게임 등 어떤 콘텐츠에 자녀들이 열광하는지도 알아보면 좋습니다. 다만 관심을 가지는 정도여야지 그런 것을 마치 다 알고 있고 꿰뚫고 있는 척하는 것은 지양해주세요. 아이들은 자신의 문화를 그저 인정하는 것만으로도 부모를 크게 볼 것입니다. 아이들의 문화를 안다고 해서 섣불리 비교·판단·평가하는 것은 자녀와 멀어지는 최악의 방법입니다. 그저 있는 그대로를 존중하고 관심을 가져주세요.

에필로그

대학을 졸업한 지 10년도 넘은 35살, 늦은 나이에 대학원의 문을 두드린 가장 큰 이유는 첫째 아이 때문이었다. 첫아이를 갖자마자 아이가 위험하다는 소리에 그해 승진 대상자였음에도 불구하고 1월에 과감하게 다니던 직장을 그만두었다.

그 이후 아이에게만 '올인'하며 육아 서적, 조기교육, 백화점 문화센터 등 우리 아이가 얼마나 똑똑한 아이인지, 아니 내가 얼마나 멋진 엄마인지를 증명하면서 삶의 낙을 찾았던 것 같다. 그 당시 첫째가 다니던 유치원에서 학부모를 대상으로 '행복한 부모교육'이라는 타이틀로 8주 교육이 있었고, 그 교육을 등록한 이유도 비슷했다. 말도 잘 듣고 책도 잘 읽고 심지어 영어도 잘하는 아이를 어떻게 그렇게 잘 키웠는지 누구라도 물어봐 주길 바랐던 철없는 생각을 갖고 있었다.

하지만 첫날, 첫 교육 시간에 나는 눈물을 멈출 수가 없었다. 아이에게 너무 미안했고 못난 엄마 역할을 한 나 자신에게도 화가 났다. 심지어 그런 아내를 묵묵히 지켜보고 응원해 준 남편에게도 정말 미안함으로 얼굴을 들 수가 없었다.

큰아이는 남들이 말하는 똑똑한 아이였다. 18개월에 한글을 읽기 시작하자, 그때부터 영어 수업을 했다. 그 시기에 할 수 있는 모든 사교육은 다 섭렵했던 것 같다. 아이는 힘들어하지 않았고, 겉으로 보기에는 무리 없이 잘 따라왔다. 어른들에게 말도 예쁘게 잘하고, 공공장소에서는 예의도 바르고, 심지어 밥 먹을 때는 절대로 흘리는 법이 없었다. 그 시기에 나는 아이와 함께 외출할 때면 항상 어깨가 으쓱했던 것 같다.

하지만 단 하나 해결되지 않는 걱정이 있었는데, 아이의 아토피였다. 아토피가 심해서 다행이지만 얼굴을 제외하고 모든 피부가 벌겋게 부어있었고 심한 곳은 피가 났다. 아토피를 고치기 위해 할 수 있는 것은 모두 했는데 쉽게 나아지지 않았다. 그런데 정말 신기하게도 아이가 받는 모든 수업을 끊고 아이가 원하는 놀이를 하면서 쉬게 했더니 7년을 괴롭히던 아토피가 사라졌다. 내가 한 일이라곤 유치원 부모교육을 첫날 마치고 집에 와서 아이와 부둥켜안고 울면서 사과하고 남편과 이 상황을 나눈 것밖에는 없었다.

대학원에서 부모교육을 전공하면서 엄마 역할, 아빠 역할, 즉 부모 역할은 배워야 한다는 것을 알았다. 나처럼 극단적이지는 않겠지만, 많은 부모가 올바른 부모 역할을 알지 못한 채 부모가 된다. 물론 첫아이를 키우면서 많은 시행착오를 겪고, 둘째는 더 여유 있게 부모 역할을 할 수도 있다. 하지만 그러기에는 첫아이가 너무 큰 대가를 치를 수 있다. 그리고 요즘은 '둘째는 꿈도 못 꾼다'는 말들이 있지 않는가? 올바른 부모 역할을 배워야 하는 이유는 여러 가지가 있겠지만, 부모 역할을 할 때 자신의 부모로부터 내려온 영향을 파악할 수 있어야 한다.

왜냐하면 엄마의 역할이든 아빠의 역할이든 자신의 부모로부터 물려받은 영향을 무시하기 어렵기 때문이다. 또한 아이들마다 성향과 놓인 환경이 달라서 아무리 많은 정보를 알고 있다고 하더라도 정작 내 아이의 상황에는 안 맞을 수 있다.

올바른 비유인지 모르겠지만, 아이들이 태어나면서 옷에 붙은 라벨처럼 '저는 예민한 아이에요. 이렇게 다뤄주세요', '저는 말을 많이 해주세요.' 등등 '아이 사용 설명서'를 달고 태어나지 않기 때문에 우리 아이에게 맞는 부모 역할을 부부가 최선의 방법으로 찾아야 하는 노력이 필요하다. 이를 위해서는 '올바른 부모 역할'이 기본이 되어야 한다. 만약 기회가 된다면 꼭 대학 교양필수로 '부모교육' 과정이 개설될 수 있도록 힘을 보태고 싶다.

'세상에서 제일 쉬운 게 공부였어'

딱히 공감하기 어려운 말이지만, 드라마 〈기상청 사람들〉에 나온 대사다. 업무 특성상 가족과 14년간 떨어져 있다가 최근 함께 살면서 어느새 커버린 딸의 알레르기를 잊어버려 응급실 신세를 지게하고 후배에게 푸념하는 장면에서 나온 말이다. '세상에서 제일 쉬운 게 공부였어, 그건 방법만 알면 점수가 나왔거든, 그런데 날씨랑 가족은 도무지 방법을 모르겠다. 방법을, 공식도 없고 매뉴얼도 없고, 어떻게 해야 좋은 아빠가 되는 건지, 도대체 뭘 어떻게 해야 좋은 가장이 되는 건지~' 그 말을 듣던 후배가 이렇게 말한다. '그런 걱정을 한다는 것 자체가 좋은 아빠는 아닐까요?' 맞다.

올바른 부모가 된다는 것은 단언컨대 세상에서 가장 어려운 일이다. '아이 사용 설명서'도 없고, 좋은 부모가 되기 위한 공식도 없고, 심지어 매뉴얼도 없다. 그럼에도 우리는 부모가 되었고, 부모 역할을 해내야 한다. 또, 과거의 나의 부모가 보내는 영향력과도 싸워야 하고, 다른 부모와 비교와도 싸워야 하고, 현실적인 어려움과도 싸워야 한다.

하지만 그 후배의 말처럼 좋은 부모, 좋은 아빠가 되고자 하는 마음만으로도 이미 멋진 부모이고 멋진 아빠다. 그리고 이제 올바른 부모가 되기 위해 애쓰는 것 대신에 행복한 부모가 되기로 마음먹자. 행복한 부모, 행복한 아빠와 함께하는 가족, 아이들은 행복할 수밖에 없다. 행복은 서로 연결되어 있기 때문이다.

강의하다 보면 자주 듣는 피드백이 '강사님 말에는 힘이 있어요'다. 내 말에 힘이 있는 이유를 생각해 보면, 아마도 최고의 가족이 나를 서포트하기 때문일 것이다. 일한다고, 코칭한다고, 요즘은 책 쓴다고 서재에서 꼼짝 않는 아내를 신경 쓰지 않고, 퇴근하고도, 주말에도 묵묵히 집안일을 하는 멋진 남편과 자신의 일은 스스로 알아서 척척해나가는 대학생 큰딸, 언제나 사랑을 가득 품고 엄마를 응원하는 중학생인 둘째 딸이 있기에 강의장에서 힘 있게 존재할 수 있다. 늘 고맙고 사랑스러운 가족이다. 그리고 밖에서는 일 외에는 그 어떤 것도 신경 쓰지 않도록 물리적으로 심적으로 지원해 주신 친정 부모님께 이 기회를 빌려 감사 인사를 드리고 싶다.

2022년 따스한 봄날에

북큐레이션 • 내 아이를 사랑으로 키우고 싶은 부모들을 위한 책

《좋은 아빠 혁명》과 함께 읽으면 좋은 책. 부모가 이해와 공감으로 아이에게 사랑을 줄 때 가장 건강한 가정을 만들 수 있습니다.

건강한 화를 낼 수 있는 훈련법 수록

화 잘 내는 좋은 엄마

장성욱 지음 | 14,500원

**이제 제대로 화내고 건강하게 풀자!
아이에게 불같이 화내는 엄마들을 위한 '분노 조절 지침서'**

아이들에겐 죄가 없다. 아이들의 뇌는 아직 발달 중이고, 몸과 마음 모두 자라나느라 벅차 실수와 잘못을 연발할 수밖에 때문이다. 이때 부모가 할 일이란 아이의 실수에 괜찮다고 격려하며 응원해주는 일이다. 이 책은 언제, 어떻게, 어떤 방식으로 아이에게 엄마의 화를 전달할지를 조목조목 알려주며, 부모의 마음도 더불어 살펴볼 수 있도록 돕는다. 아이에게 버럭 소리를 지르고는 죄책감에 시달리는 부모, 어떤 특정한 상황에 유난히 화나는 부모, 자녀에게 제대로 화 한번 못 내는 부모 모두에게 필요한 지침서가 될 것이다.

육아비적성 족장의 생생한 육아 탐험기

육아비적성

한선유 지음 | 13,800원

**육아 DNA가 실종된 곰손 엄마의
좌충우돌 육아 비적성 고백기**

17년차 베테랑 초등교사가 임산과 출산, 육아를 거치며 자신이 이 일에 적성이 아님을, 완전한 아마추어이자 앞으로도 프로페셔널이 될 일은 없을 것임을 실감하는 처절한 체험기이자 육아 비적성인 세상의 많은 엄마들에게 음지에서 자책감에 떨지 말고 양지로 나와 당당히 육아 비적성을 외치자고 독려하는 응원의 메시지다. 육아가 비적성인 사람들이여, 못한다고 자책 말자. 못하는 게 아니라 적성에 안 맞는 것뿐이니. 엄마가 힘들면 아빠가 하면 되고, 그것도 힘들면 원장님이 하면 된다. 무엇을 선택하든 옳은 선택이다.

세상 쉬운 우리 아이 성교육

이석원 지음 | 13,800원

**아이의 거침없는 질문에 난감한 부모들을 위한
난생처음 내 아이 성교육하는 법!**

5,000회 이상 20만 명에게 성교육을 강의한 차세대 성교육 멘토인 저자가 엄마인 여자는 절대 모르는 아들 성교육하는 법을, 남자인 아빠는 절대 상상할 수 없는 딸성교육하는 법을 하나부터 열까지 친절하게 설명한다. 아들의 몽정과 자위를 엄마가 알고 딸의 생리를 아빠가 알게 된다면 저녁 식탁에서 가족들이 자연스럽게 성관계와 성평등, 아이들의 성문화까지 이야기하는 분위기를 이어갈 수 있다. 저자는 성교육의 필연성을 주장하는 데 그치지 않고 신뢰할 만한 근거와 통계를 담아 최신 트렌드를 반영한 성교육의 실전을 들려준다. 유아부터 십대까지 한 권으로 끝낼 수 있는 부모 성교육 교과서라 할 만하다.

상황별 대처 방법 7가지 수록

세상 쉬운 첫아이 육아

조신혜 지음 | 14,500원

**첫아이를 건강하게 잘 키우고 싶은
부모가 꼭 알아야 하는 육아 안내서**

첫 아이가 생겨 걱정에 휩싸인 부모들에게 든든한 지원군이 바로 여기 있다. 《세상 쉬운 첫아이 육아》는 모유 수유는 어떻게 해야 하는지, 아기를 씻길 때는 어떤 걸 주의해야 하는지, 계속 울면서 잠들지 않는 아기는 어떻게 해야 하는지 등 첫 부모로서의 고민들을 해결해줄 수 있는 내용을 담았다. 또한 모유 수유 전문가인 저자가 다양한 모유 수유 사례에 대해 설명하면서 여러 가지 궁금증들을 해결해주고 있다. 사랑으로 키우고 싶은 첫아이, 더욱 건강하게 키우고 싶다면 이 책과 함께 첫 육아를 시작하길 바란다.

현명하게 키우는 육아 지침서